JIBEN YILIAO BAOXIAN
FENZHI JIESUAN FANGSHI

基本医疗保险
分值结算方式

杜铭汉　著

U0330366

中山大學出版社
SUN YAT-SEN UNIVERSITY PRESS

·广州·

版权所有　翻印必究

图书在版编目（CIP）数据

基本医疗保险分值结算方式/杜铭汉著 . -- 广州：中山大学出版社，2024.7. -- ISBN 978 - 7 - 306 - 08118 - 6

Ⅰ. F842.613

中国国家版本馆 CIP 数据核字第 2024M00L58 号

出　版　人：王天琪
策划编辑：杨文泉
责任编辑：杨文泉
封面设计：曾　斌
责任校对：丘彩霞
责任技编：靳晓虹
出版发行：中山大学出版社
电　　话：编辑部 020 - 84110283，84113349，84111997
　　　　　发行部 020 - 84111998，84111981，84111160
地　　址：广州市新港西路 135 号
邮　　编：510275　　　　　传　真：020 - 84036565
网　　址：http://www.zsup.com.cn　E-mail：zdcbs@ mail. sysu. edu. cn
印　刷　者：广东虎彩云印刷有限公司
规　　格：850mm×1168mm　　1/32　　4 印张　　81 千字
版次印次：2024 年 7 月第 1 版　　2024 年 7 月第 1 次印刷
定　　价：36.00 元

序

自 1883 年德国创立医疗保险制度以来，各国对医疗保险结算方式的探索和研究从未停止过。每种结算方式的形成，都离不开他们实行的医疗保险制度模式和运行机制。本书介绍了作者所在城市的医疗保险结算方式的历史演变过程，也简单概述了我国早期及国外医疗保险结算方式的情况。为了加强医疗费用结算管理，制定科学合理的结算方式，确保基本医疗保险基金以收定支、收支平衡，作者按照国家提出的基本医疗保险费用结算管理的要求，从设计思路、设计原则、支付路径，以及具体的数学模型等方面，创新性地提出了分值结算方式。它既有利于保障参保人员的基本医疗需求，抑制过度的医疗消费；又有利于遏制医疗费用过快增长，促使医疗机构与社会医疗保险事业协调发展。

《基本医疗保险分值结算方式》一书具有较好的阅读、交流、参考价值。希望本书的出版，能为医疗保险结算方式的探索和研究提供思路和帮助。

谭　青

于中国太平养老保险股份有限公司广州分公司

2023 年 12 月 1 日

前　　言

医疗保险结算方式是实行基本医疗保险制度的重要环节，是确保基本医疗保险基金收支平衡的关键。

在我国基本医疗保险制度改革过程中，各地都在尝试运用医疗保险结算方式的变革来解决医疗保险费用支出增长过快的问题，以实现基本医疗保险基金的以收定支、收支平衡的目的。

自 1883 年德国创立社会医疗保险制度以来，世界各国及我国各地对提供医疗服务的医疗机构进行医疗保险费用补偿方式的探索就从未停止过。

分值结算方式是笔者在 2010 年 6 月参加为"十二五"人力资源和社会保障事业发展规划建言征文活动时撰写的《基本医疗保险可实行分值结算》（刊登在 2010 年 7 月 7 日的《中国劳动保障报》第 2 版）中提出来的结算方式。据笔者了解，

1

在此之前从未有哪个国家或地区提出过，更没有哪个国家或地区使用过。当笔者在 2021 年看到了国家医疗保障局在 2021 年 7 月 15 日发布的《国家医疗保障局办公室关于印发按病种分值付费（DIP）医疗保障经办管理规程（试行）的通知》，提出了以分值付费的结算方式与定点医疗机构结算基本医疗保险费用的办法时，就产生了在《基本医疗保险可实行分值结算》的基础上进行扩写的想法。因此，笔者于 2021 年 8 月开始构思编写《基本医疗保险分值结算方式》一书，经过 3 年多的努力才得以完成。

本书在编写过程中参考了《中华人民共和国社会保险法释义》《医疗保险制度改革操作实务全书》《工业化国家医疗保险制度改革》，力求书中内容的表达更准确、更规范。

笔者从事社会医疗保险工作 30 多年，在此期间参与了当地的社会医疗保险改革工作，经历了该市基本医疗保险制度改革发展的全过程，见证了我国基本医疗保险体系从无到有，从小到大，从弱到强的发展历程。本书是笔者的粗浅之见，作为阅读、交流和参考之用，可能存在不足，有待在今后的实践中进一步验证和修正。笔者希望《基本医疗保险分值结算方式》一书能起到抛砖引玉、集思广益的作用，引出更多、更好的关于基本医疗保险费用结算方式的文章。让我们携手，探索出适合我国基本医疗保险发展的医疗保险结算方式，为建设基本医疗保险体系添砖加瓦。

杜铭汉

2023 年 10 月

目　　录

第一章 基本医疗保险

第一节 基本医疗保险概述

"基本医疗保险"这一概念的提出，最早源于《国务院关于建立城镇职工基本医疗保险制度的决定》（国发〔1998〕44号）。它是指"保障职工的基本医疗，建立满足职工基本医疗需求的社会医疗保险制度"。

基本医疗保险在我国被认为是与经济发展水平、政府财政、用人单位和个人经济能力相适应的基本医疗保障制度。后来，基本医疗保险的覆盖面进一步向农村居民和非职工群体的城镇居民扩大。随着我国职工基本医疗保险制度改革的深化，基本医疗保险这一概念也得到进一步的丰富和发展。尤其是2010年10月28日，全国人大常委会审议通过《中华人民共和国社会保险法》（以下简称《社会保险法》）后，基本医疗保险概念又被赋予新的含义。根据《中华人民共和国社会保险法释义》的解读，基本医疗保险包括职工基本医疗保险、新型农村合作医疗和城镇居民基本医疗保险这 3 种医疗保险制度。

基本医疗保险是政府主办，按有关法律规定，由国家与有关用人单位和职工个人或非职工群体的城乡居民个人共同筹集资金，在参加基本医疗保险的人员因病到定点医疗机构就医治疗后，其发生符合基本医疗保险药品目录、诊疗项目、医疗服务设施标准以及急诊、抢救的医疗费用，可以按照国家规定的支付标准从基本医疗保险基金中予以支付。

基本医疗保险是我国现行社会保险项目（社会保险其他四个项目是基本养老保险、工伤保险、失业保险、生育保险）中覆盖人数最多、保险范围最广的。由于涉及"医、患、保、药"四方的经济利益，因此，它也是社会保险五个保险项目中最为复杂的一个。

要了解基本医疗保险的产生、形成和发展过程，首先要从我国早期的劳保医疗和公费医疗制度的建立讲起。为保障职工身体健康，促进经济发展，新中国在成立初期就开始建立企业职工的劳保医疗和机关事业单位工作人员的公费医疗制度。劳保医疗制度是指根据 1951 年政务院公布的《中华人民共和国劳动保险条例（草本）》而实施的企业医疗保障制度。该制度主要是对国有企业职工实行免费、对职工家属实行报销一半的企业医疗保险制度。县以上大集体企业参照执行。经费是按照企业职工工资总额和国家规定的比例，在生产成本项目中列支。劳保医疗经费属职工福利基金的一部分，专款专用，由企业统一管理和使用。

公费医疗制度是指根据1952年政务院发布的《关于全国各级人民政府、党派、团体及所属事业单位的国家工作人员实行公费医疗预防的指示》而实施的机关事业单位医疗保障制度。其覆盖范围仅限于各级政府机关和事业单位、其他党派、人民团体的工作人员和退休人员，还包括高等学校的大学生和退伍在乡的二等乙级以上残废军人。经费由国家财政拨付给各级卫生行政部门，实行专款专用、单位统一使用的原则，不能将其按人头平均分发给个人。经费开支标准由国家根据职工对医药方面的实际需要和国家的财力，医疗单位所能提供的资源确定每人每年享受其待遇的预算定额，将经费拨交公费医疗管理部门使用，实际超支部分由地方财政补贴。

劳保医疗和公费医疗制度的实施，对保障职工身体健康发挥了积极的作用。但是，进入20世纪80年代后，随着我国经济体制改革的推进，建立在计划经济基础上的劳保医疗和公费医疗制度已经无法适应社会主义市场经济发展的需要。其主要弊端：一是国家和企业单位对职工的医疗费用包揽过多，导致财政和企业单位不堪重负，医疗保障经费难以为继；二是对医患双方缺乏有效的监督机制，造成医药费用浪费严重；三是医疗保障覆盖面窄，劳保医疗和公费医疗制度覆盖面外的职工群体得不到医疗保障，引发不同职工体制之间的矛盾，也不利于职工的合理流动；四是"企业保险、单位保障"的自我保障方式社会化程度低，不利于社会保险"大数法则"功能的发挥。

在劳保医疗制度名存实亡、公费医疗制度难以为继的背景下，城镇职工基本医疗保险制度的建立，彻底改变了劳保医疗和公费医疗制度"企业保险、单位保障"的模式，从根本上解决了职工的基本医疗保障问题，同时也标志着我国基本医疗保险框架的主体结构基本形成。我国城镇职工基本医疗保险制度的建立和实施，有效地保障了职工的基本医疗保障权益，促进了社会经济发展。随着基本医疗保险改革的深化，其基本医疗保险的覆盖面也从城镇职工群体开始逐步向广大的农村居民群体扩大。

20 世纪 60 年代，我国农村农民实行的是农村合作医疗制度。它是一种在自愿互利基础上，依靠集体经济的力量建立起来的，具有社会福利性质的医疗保险制度。农村合作医疗制度有多种方式，如村办村管、村办乡管、乡村联办、乡办乡管等。合作医疗基金的来源一般是农民和村集体经济组织共同筹集，其享受的范围和标准，由大家共同协商制定。经费由村或合作医疗管理委员会或乡村卫生院统一管理。一般以村为核算单位，经费超支由村自付。这种农村合作医疗在较长的时期内在农村医疗保健事业的发展和解除农民的看病之忧方面发挥了积极的作用。但是，随着乡村劳动组织形式的改变，出现了筹资困难、资金不足等问题，使农村合作医疗制度难以为继，面临缺医少药的困境，需要重构医疗保障体系。2002年10月，党中央、国务院提出各级政府要积极组织引导农民建立以大病统筹为主的新型农村合作医疗制度。新型农村合作医疗自2003年实行以来，到2009年底已经覆盖了8.3亿农民群众。

在基本医疗保险实施范围不断扩大的情况下，只剩下非职工群体的城镇居民还没有被基本医疗保险制度覆盖。2006年，党的十六届六中全会通过的《中共中央关于构建社会主义和谐社会若干重大问题的决定》提出了关于"建立以大病统筹为主的城镇居民医疗保险"。这就是针对这一群体而建立的保险制度。

至此，基本医疗保险已在全国所有城乡居民范围内全面实行。据国家有关部门公布的信息，到2017年底，我国参加基本医疗保险的人员已经达到13.5亿。

一、基本医疗保险的特征

基本医疗保险作为社会保险制度的重要组成部分，除了具有社会保险的强制性、互助性、福利性、社会性等基本特征，还具有其自身的显著特征：一是普遍性，二是随机性，三是复杂性，四是敏感性，五是难控性。

（一）基本医疗保险的普遍性

基本医疗保险的普遍性，是指基本医疗保险是社会保险项目中覆盖人群最广、保障时限最长的一种保险项目。首先，从其覆盖的人群看，该人群是我国全体城乡居民，包括所有用人单位及其职工、退休人员、无雇工的个体工商户、未在用人单位参加职工基本医疗保险的非全日制从业人员及其他灵活就业人员、农村居民以及非职工群体。其次，从其保障时限看，因为人们无法预知疾病的发生时间，所以基本医疗保险的保障期限贯穿于人的一生。

（二）基本医疗保险的随机性

疾病的发生是随机性的、突发性的，即它的发生概率难以被准确核定。因此，基本医疗保险基金的支付随时发生，是经常性的。其与其他社会保险项目一次性的或到一定期限才产生支付的项目有所不同。

（三）基本医疗保险的复杂性

复杂性是指医疗服务供求关系的复杂性。医疗服务的供求关系与一般商品的买卖关系不同。首先，要从医疗服务的构成讲起。医疗服务是指医疗技术人员个体或群体对其服务对象进行的专业技术活动。从其活动范围看，包括接诊、进行体格检查和化验检查、确诊、制订治疗方案、治疗、观察病情变化、修订治疗方案、实施新的治疗方案、随访观察、健康保健、合理指导等过程。由此可见，医疗服务过程相当复杂，且涉及的服务项目非常广泛。其次，从医疗服务供求关系上看，医疗服务的专业性非常强。此外，由于医患双方掌握的医疗信息不对称，疾病的检查、诊断、治疗、用药等，基本上是以医疗机构和医生为主导。

（四）基本医疗保险的敏感性

基本医疗保险的敏感性实际上是"医、患、保"三方的诉求不同。在医疗保险制度实施前，医疗费用往往受到患者或其家庭的经济条件所制约，一般不会发生过度的医疗需求和过度的医疗服务提供。因为超出患者经济承受能力的医疗消费都会产生医疗费用支付风险。实行医疗保险制度后，医疗费用的承担关系发生变化。作为参保人员以为有了医疗保险后个人就不用负担所有医疗费用，可以报销全部医疗费用；医疗服务提供机构则希望提供更多的医疗服务，以获得更多的经济收入和效益；而作为医疗保险机构，其医疗保险基金是有限的，只有符合基本医疗保险规定的费用才能在保险基金中支付，超出规定范围的费用，基金是不予支付的。

（五）基本医疗保险的难控性

难控性是指医疗保险费用的支付难以控制。从某种意义上讲，医疗机构医生的医疗行为起着决定性的作用，即决定着医疗服务费用的高低。就治疗疾病而言，治疗方案可以是多种多样的，而不同的治疗方案就会产生不同的医疗费用。在治疗方案的制订与采用上，基本由医疗机构医生决定，患者只能被动地接受。在基本医疗保险已实现全覆盖的当下，参保人员的医疗费用几乎成了医疗机构经济收入的主要来源。在医疗体制和药品流通体制改革滞后于基本医疗保险改革的背景下，医疗服务提供机构容易受经济利益的驱动，诱导过度的医疗行为，致使不合理的医疗费用产生，进而导致基本医疗保险基金支付风险，加大控制医疗费用不合理增长的难度。

二、基本医疗保险的基本原则

实行基本医疗保险需要遵循的基本原则如下。

（一）职工基本医疗保险遵循的基本原则

《国务院关于建立城镇职工基本医疗保险制度的决定》（国发〔1998〕44号）的4条基本原则：一是基本医疗保险水平要与社会主义初级阶段生产力发展水平相适应；二是城镇所有用人单位及其职工都要参加基本医疗保险，实行属地管理；三是基本医疗保险费由用人单位和职工双方共同分担；四是基本医疗保险基金实行社会统筹和个人账户相结合。

1. 基本医疗保障与经济发展水平相适应的原则

基本医疗保障，就是保证职工在患病时能得到目前所能提供给他的、能支付得起的、适宜的治疗技术。它包括基本药物、基本服务、基本技术和基本费用等内容。基本医疗保障与经济发展水平相适应，指基本医疗保险的筹资水平不能超出我国及地方的财政能力、用人单位及参保人员的经济承受能力，否则，基本医疗保险就不可持续。因此，我国的经济发展水平决定了基本医疗保险的保障水平，即基本医疗保险基金的筹资水平决定了参保人员的基本保险保障水平。

2．基本医疗保险原则上实行市级统筹

按照社会保险大数法则，参保人员的人数越多，其筹集到的医疗保险基金就越多，其基金的调剂能力也越强。因此，基本医疗保险的统筹层级越低，参保人员的人数越少，则越不利于基本医疗保险基金的抗风险能力。从我国劳保医疗和公费医疗制度的实践来看，目前以地市级为统筹单位比较切合我国的实际。但不断地提高统筹层次、逐步走向全国统筹是我们的最终目标。

3．强制参保原则和属地管理原则

（1）强制参保原则。职工基本医疗保险制度规定，城镇所有用人单位及其职工都要参加基本医疗保险，实行应保尽保。

（2）属地管理原则。属地管理原则是指实行社会化管理，不许搞行业统筹；职工基本医疗保险制度和政策，要以地级市以上作为统筹单位实行；基金的筹资和支付，由社会保险经办机构统一办理。

4. 基本医疗保险费由用人单位和职工双方共同分担原则

该原则有两层意思：一是基本医疗保险费由用人单位和职工个人共同缴纳，参保职工在享受基本医疗保险待遇的同时，兼有履行缴纳基本医疗保险费的义务。也就是说，参保人员只有按规定缴纳了医疗保险费后，才能享受基本医疗保险待遇。二是发生的医疗费用由参保人员和基本医疗保险基金共同承担。符合基本医疗保险规定的，除属于基本医疗保险基金支付的部分费用外，参保人员也要负担一定的医疗费用。

5. 基本医疗保险基金实行社会统筹和个人账户相结合原则

建立基本医疗保险统筹基金和个人账户，规定基本医疗保险费划入统筹基金和个人账户的办法和各自的支付范围。

6. 统筹基金的支付原则

统筹基金的支付要遵循"以收定支、收支平衡"的原则。统筹基金收支平衡是基本医疗保险健康运行的前提，医疗保险统筹基金的筹资水平决定医疗保险统筹基金的支付能力。如果统筹基金的筹集水平与支付水平不匹配、失衡，基本医疗保险就难以运行。

7. 政事分管原则

政事分管原则是指基本医疗保险的行政管理和业务经办要分开管理。在管理体制上，职工基本医疗保险实行的是政事分开，社会保险行政部门负责拟定基本医疗保险的基本政策和基本标准，并组织实施和监督检查；负责制定医疗保险基金收缴、支付、管理和运营的政策；制定社会保险经办机构的管理规则和基金运营机构的资格认定标准等。社会保险经办机构执行行政部门制定的政策规定，负责基本医疗保险基金的收支和管理，经办医疗保险具体业务。基本医疗保险的政策制定、缴费标准、保险待遇等，由社会保险行政部门负责管理。基本医疗保险的待遇发放、审核、支付等业务，则由社会保险经办机构具体办理。

（二）新型农村合作医疗遵循的基本原则

新型农村合作医疗遵循"财政支持、农民自愿、政府组织"的原则。

（1）财政支持是指以政府资助为主——政府资助占大头，个人缴费占小头，即个人适当缴费。

（2）农民自愿是指所有农村居民都可以以家庭为单位自愿参加新型农村合作医疗制度，不带强制性，通过制度的福利性来吸引广大农民参加。

（3）政府组织是指由政府负责组织并实施。

（三）城镇居民基本医疗保险遵循的基本原则

城镇居民基本医疗保险实行个人缴费和政府补贴相结合的筹资模式。城镇居民基本医疗保险以家庭缴费为主，政府给予适当补助。对城镇居民基本医疗保险要坚持低水平起步，合理确定总体筹资标准以及财政补贴和个人缴费标准。城镇居民基本医疗保险遵循的基本原则如下：

（1）城镇居民基本医疗保险只建立统筹基金，不建立个人账户的原则。

（2）城镇居民基本医疗保险基金坚持以收定支、收支平衡、略有结余的使用原则。

第二节 基本医疗保险的组成

上节我们已经讲过，基本医疗保险是由职工基本医疗保险、新型农村合作医疗保险和城镇居民基本医疗保险三种医疗保险制度组成。三种医疗保险制度虽然同属于基本医疗保险的范畴，但它们的建立和发展并非统一、规范、均衡地进行，而是根据其群体的医疗保障迫切程度、用人单位及其职工的经济承受能力、国家财政能力及参保人员的各方面的承受能力，然后分阶段、分群体地逐步建立、发展起来。因此，三种医疗保险制度在政策制定、覆盖人群、参保形式、缴费标准和待遇水平、管理和运作等方面都存在一定的差异，内容上也有所不同。

从基本医疗保险的建立和发展看，基本医疗保险首先从职工基本医疗保险制度开始，然后逐步向农村居民的新型农村合作医疗保险制度延伸，最后覆盖所有的居民（包括非职工群体的城镇居民）。

一、职工基本医疗保险制度的建立背景和主要内容

从建立的时间看，职工基本医疗保险制度建立的时间最早，施行的时间也是最长的。职工基本医疗保险制度无论在制度的设计、政策的制定、管理措施等方面，都是基本医疗保险中最完整、规范的。

（一）职工基本医疗保险制度的建立背景

改革开放后，劳保医疗制度和公费医疗制度已名存实亡，

职工医疗保险制度改革已势在必行。1993 年党的十四届三中全会提出，在城镇建立社会统筹与个人账户相结合的职工医疗保险制度。从 1994 年开始，国务院在江苏省镇江市、江西省九江市进行城镇职工医疗保险制度改革试点，后来试点扩大至 20 多个省份的 39 个城市。在总结试点城市经验的基础上，1998 年，国务院印发了《国务院关于建立城镇职工基本医疗保险制度的决定》（国发〔1998〕44 号），确定了建立城镇职工基本医疗保险制度实行"低水平、广覆盖、双方负担、统账结合"的保障模式。

（二）职工基本医疗保险制度的主要内容

职工基本医疗保险制度是指《国务院关于建立城镇职工基本医疗保险制度的决定》（国发〔1998〕44 号）的城镇职工基本医疗保险制度。

1. 覆盖范围和缴费标准

《国务院关于建立城镇职工基本医疗保险制度的决定》（国发〔1998〕44 号）规定，城镇所有的用人单位，包括企业（含国有企业、集体企业、外商投资企业、私人企业等）、机关、事业单位、社会团体、民办非企业单位及其职工，都要参加职工基本医疗保险。

2010 年 10 月，职工基本医疗保险通过了国家立法，即《社会保险法》。该法第二十三条规定，职工应当参加职工基本医疗保险，由用人单位和职工按照国家规定共同缴纳基本医疗保险费。

无雇工的个体工商户、未在用人单位参加职工基本医疗保险的非全日制从业人员及其他灵活就业人员可以参加职工基本医疗保险，由个人按照国家规定缴纳基本医疗保险费。

基本医疗保险费由用人单位和职工共同缴纳。其缴费标准：用人单位每月按照社会平均工资的 6% 左右缴纳保险费，职工个人每月按社会平均工资的 2% 左右缴纳（退休人员不用缴纳）保险费。

2. 保险待遇与支付标准

（1）建立基本医疗保险统筹基金和个人账户。将用人单位缴纳的保险费 70% 左右划入社会统筹基金，用人单位缴纳的保险费 30% 左右划入职工和退休人员个人账户。此外，将职工个人缴纳的 2% 保险费全部划入职工个人账户。

（2）划定个人账户和统筹基金各自的支付范围，分别核算，不得相互挤占。①个人账户主要用于门诊（小病）医疗费用支出。②统筹基金主要用于住院（大病）医疗费用支出。

（3）统筹基金起付标准（控制在当地职工年平均工资的

10%左右）以下的医疗费用，从个人账户中支付或由个人自付。起付标准以上、最高支付限额（控制在当地职工年平均工资的 4 倍左右）以下的医疗费用，主要从统筹基金中支付，个人也要负担一定的比例。

统筹基金的具体起付标准、最高支付限额及在起付标准以上和最高支付限额以下医疗费用的个人负担比例，由统筹地区根据统筹基金以收定支、收支平衡的原则确定。

（4）建立企业补充医疗保险。在实施《国务院关于建立城镇职工基本医疗保险制度的决定》（1998 年 12 月 14 日国务院颁布）时，为了不降低一些特定行业职工现有的医疗消费水平，在参加基本医疗保险的基础上，作为过渡措施，允许建立企业补充医疗保险，其补充医疗保险费在工资总额 4% 以内，从职工福利费中列支。

3. 基本医疗保险基金的管理和监督

基本医疗保险基金纳入财政专户管理，专款专用，不得挤占挪用。

基本医疗保险基金按银行计息办法。个人账户的本金和利息归个人所有，可以结转使用和继承。

加强基本医疗保险基金监督管理和审计。设立有关方面的代表和专家参加的监督组织，加强对基本医疗保险基金的社会监督。

4．医疗服务管理

（1）由劳动保障部门会同卫生部门、财政部门等有关部门制定基本医疗服务范围、标准和医疗费用结算办法。

（2）由卫生部门会同有关部门制定医疗机构改革方案和社区卫生服务的有关政策。国家经济贸易委员会等部门要认真配合做好药品流通体制改革工作。

5．妥善解决有关人员的医疗待遇

对一些特殊人员的医疗待遇做了规定，主要有：

（1）国有企业下岗职工的基本医疗保险费，包括单位缴费和个人缴费，均由再就业服务中心按照当地上年度职工平均工资的60%为基数缴纳。

（2）退休人员参加基本医疗保险，个人不用缴纳基本医疗保险费，对退休人员个人账户的计入金额和个人负担医疗费的比例给予适当照顾。

（3）离休干部和乙级革命军人的医疗待遇不变，医疗费用按原资金渠道解决，由社会保险经办机构单独建账管理。

（4）国家公务员在参加基本医疗保险的基础上，享受医疗补助政策。根据这一规定，2000年5月，国务院办公厅转发《劳动保障部、财政部关于实行国家公务员医疗补助的意见》（国办发〔2000〕37号），明确了医疗补助经费主要用于基本医疗保险统筹基金最高支付限额以上，符合基本医疗保险药品目录、诊疗项目、医疗服务设施标准的医疗费用补助；在基本医疗保险支付范围内，个人自付超过一定数额的医疗费用补助；中央和省级人民政府规定享受医疗照顾的人员，在就诊、住院时按规定补助的医疗费用。

二、新型农村合作医疗制度的建立背景和主要内容

（一）新型农村合作医疗制度的建立背景

农村合作医疗制度是我国广大农民群众在集体经济发展基础上依靠集体力量，以自愿为原则，在预防和治疗疾病上实行互助互济的一种初级医疗保障制度。它以较低的成本初步解决了农村缺医少药的基本医疗卫生服务问题。但是，从20世纪80年代开始，农村生产关系和经营方式的改变，造成农村合作医疗基金处于筹集困难和保障不足的困难状况。随着基本医疗保险覆盖面的不断扩大，农村合作医疗制度正面临着重构。2002年10月，《中共中央、国务院关于进一步加强农村卫生工作的决定》（中发〔2002〕13号）提出各级政府要积极组

织引导农民建立以大病统筹为主的新型农村合作医疗制度。新型农村合作医疗制度从 2003 年开始试点，按照"财政支持、农民自愿、政府组织"的原则进行推进。凡是农村居民都可以以家庭为单位，自愿参加新型农村合作医疗。基金筹集采取以政府资助为主，个人适当缴费的方式。以县级以上为统筹单位，实行社会统筹。待遇水平、支付范围、支付标准和额度，由统筹地区确定。

（二）新型农村合作医疗制度的主要内容

我国《社会保险法》第二十四条规定：国家建立和完善新型农村合作医疗制度。新型农村合作医疗的管理办法，由国务院规定。

新型农村合作医疗制度是在农村居民中实行的，非强制性的、以政府资助为主的、个人适当缴费的、对大额医疗费用或住院医疗费用进行补助的基本医疗保险的保障制度。

1. 覆盖范围

新型农村合作医疗覆盖的对象是所有的农村居民。他们可以以家庭为单位自愿参加新型农村合作医疗。此外，在积极推进城镇非公有制经济组织从业人员、灵活就业人员和农民工参加职工医保的同时，参加城镇职工基本医疗保险有困难的农民工，可以自愿选择参加城镇居民基本医疗保险或户籍所在地的新型农村合作医疗。

2．基金筹集

基金筹集以政府资助为主，参保农村居民个人适当缴费。2003 年，农民每人每年缴费不低于 10 元，政府对所有参保农民给予的补助不低于年人均 40 元，其中中央财政对中西部除市区以外参保农民每人每年给予补助 20 元，地方财政的资助额不低于 20 元。中央财政对东部省份也按中西部地区一定比例给予补助。从 2008 年起，中央财政对参保农民的补助标准提高了 1 倍，即 80 元。2010 年，全国新农合筹资水平提高到每人每年 150 元，其中各级财政对新型农村合作医疗的人均补助标准提高到 120 元。

3．资助标准调整

政府对新型农村合作医疗的资助标准的调整，会随着社会经济的发展而逐年提高。2021 年政府工作报告提出，上调后的城乡居民人均财政补助标准达到每人每年 580 元。

4．医疗保险待遇

医疗保险待遇水平由统筹地区确定。待遇支付标准可根据筹资总额，结合当地实际，科学合理确定新型农村合作医疗基金的支付范围、支付标准和额度。2009 年，国家有关部门发布了《关于巩固和发展新型农村合作医疗制度的意见》（卫农卫发〔2009〕68 号），新型农村合作医疗补偿封顶线（最高支付限额）达到当地农民人均纯收入的 6 倍以上。同时，调整新型农村合作医疗补偿方案，适当扩大受益面和提高保障水平，使农民群众更多受益。开展住院统筹加门诊统筹的地区，要适当提高基层医疗机构的门诊补偿比例，要扩大慢性病等特殊病种大额门诊医药费用纳入统筹基金支付的病种支付范围。

三、城镇居民基本医疗保险制度的建立背景和主要内容

（一）城镇居民基本医疗保险制度的建立背景

随着城镇职工基本医疗保险制度的全面实施和新型农村合作医疗试点工作的顺利推进，城镇学生、儿童等城镇非职工群体居民医疗保障问题日益突出，社会反响强烈。从 2004 年开始，部分地区开始探索建立城镇居民医疗保险制度。2006 年，党的十六届六中全会通过的《中共中央关于构建社会主义和谐社会若干重大问题的决定》提出了"建立以大病统筹为主

的城镇居民基本医疗保险"。2007 年 4 月，国务院决定在全国范围启动城镇居民基本医疗保险试点工作，同年 7 月印发了《关于开展城镇居民基本医疗保险试点的指导意见》（国发〔2007〕20 号)，选择了 88 个城市进行试点。2008 年试点城市扩大至 229 个，于 2009 年全面推开。

为保障城镇居民的基本医疗，我国在 2009 年建立了面向全体城镇居民的基本医疗保险制度，弥补了面向职业人群的城镇职工基本医疗保险制度的不足，从此，职工群体外的城镇居民也有了基本医疗保障。截至 2009 年底，城镇居民基本医疗保险制度覆盖人数达 1.8 亿人。我国《社会保险法》第二十五条规定：国家建立和完善城镇居民基本医疗保险制度。享受最低生活保障的人、丧失劳动能力的残疾人、低收入家庭六十周岁以上的老年人和未成年人等所需个人缴费部分，由政府给予补贴。

城镇居民基本医疗保险制度在非职工群体的城镇居民中实行的，非强制性的、以家庭缴费为主、政府给予适当补助的，只建立统筹基金，不建立个人账户；统筹基金重点用于参保居民的住院和门诊大病医疗费用支出，有条件的地区可以逐步试行门诊医疗费用统筹。

（二）城镇居民基本医疗保险制度的主要内容

1. 覆盖范围

覆盖范围不属于职工基本医疗保险制度覆盖范围的大、中、小学阶段的学生，包括职业高中、中专、技校学生，以及没有覆盖到的非从业城镇居民。城镇居民以家庭为单位参保，学生以学校为单位参保。

2. 基金筹集

城镇居民基本医疗保险是以家庭为单位或以学校学生为单位缴费为主，政府给予适当补助。

（1）缴费标准。成年人缴费一般为 150 ～ 300 元/年，未成年人缴费一般为 50 ～ 100 元/年。对困难人员参加城镇居民基本医疗保险给予补贴。给予补贴的人员包括享受最低生活保障的、丧失劳动能力的重度残疾人以及低收入家庭 60 周岁以上的老年人和未成年人。

（2）政府补助标准与补助标准的调整。政府对城镇居民基本医疗保险补助标准进行调整，该标准会随着社会经济的发展而逐年提高。国家医保局、财政部、国家税务总局印发通知，明确 2021 年上调后的城镇居民基本医疗保险人均财政补助标准不低于每人每年 580 元。

3. 管理办法和保险待遇支付

（1）城镇居民基本医疗保险的管理办法原则上与城镇职工基本医疗保险的规定一致，由医疗保险行政管理部门管理，社会保险经办机构具体办理业务。

（2）保险待遇支付。城镇居民基本医疗保险只建立统筹基金，不建立个人医疗账户。统筹基金主要用于支付参保城镇居民住院和门诊大病医疗费用。一般的门诊医疗费用，有的地区也纳入医疗保险统筹基金支出范围，全国还没有统一规定。学生发生的医疗费用基本上参照城镇居民医疗保险待遇标准给予补偿。

第三节 基本医疗保险的医疗服务管理

基本医疗保险的医疗服务管理，是指 1999 年上半年，劳动和社会保障部根据《国务院关于建立城镇职工基本医疗保险制度的决定》（国发〔1998〕44 号）的要求，会同有关部委制定的 6 个医改配套文件：一是《城镇职工基本医疗保险定点医疗机构管理暂行办法》（劳社部发〔1999〕14号）；二是《城镇职工基本医疗保险用药范围管理暂行办法》（劳社部发〔1999〕15号）；三是《城镇职工基本医疗保险定点零售药店管理暂行办法》（劳社部发〔1999〕16号）；四是《关于加强城镇职工基本医疗保险费用结算管理的意见》（劳社部发〔1999〕23号）；五是《关于城镇职工基本医疗保险诊疗项目管理的意见》（劳社部发〔1999〕22号）；六是《关于确定城镇职工基本医疗保险医疗服务设施范围和支付标准的意见》（劳社部发〔1999〕22号）。

上述6个配套文件主要从三大方面强化对医疗服务管理，加强基金支出管理做出规定：一是通过制定基本医疗保险药品目录、诊疗项目、医疗服务设施标准，确定基本医疗保险的保障范围；二是通过对医疗机构和药店实行定点管理，选择和确定基本医疗保险的医疗服务提供者；三是制定科学合理的基本医疗保险费用结算办法，选择和确定对医疗服务提供者的支付方式。

一、"三个目录"的管理

"三个目录"的管理，是指对基本医疗保险实行药品目录、诊疗项目和医疗服务设施范围"三个目录"管理做出规定，明确基本医疗保险的服务范围和标准。

（一）基本医疗保险用药范围的管理

通过制定《城镇职工基本医疗保险用药范围管理暂行办法》（2020年7月31日颁布）对基本医疗保险用药范围做出了详细规定，明确基本医疗保险用药范围内的药品必须是《中华人民共和国药典（2020年版）》收载的药品，或是符合国家药品行政管理部门部颁标准的药品，或是国家药品行政管理部门批准进口的药品。同时，排除了易滥用、用于非治疗用途的药品。该办法还明确了基本医疗保险用药范围通过制定《基本医疗保险药品目录》进行管理，并对《基本医疗保险药品目录》的组成、制定、调整及如何组织专家进行评定等作出了详细规定，以确保《基本医疗保险药品目录》的制定公开公正、科学合理。

（二）基本医疗保险诊疗项目的管理

通过制定《关于城镇职工基本医疗保险诊疗项目管理的意见》（劳社部发〔1999〕22号），对基本医疗保险诊疗项目范围和目录进行管理，明确基本医疗保险诊疗项目范围和目录，并规定基本医疗保险诊疗项目一定是临床诊疗必需、安全有效、费用适宜的，由物价部门制定了收费标准的，由定点医疗机构提供的定点医疗服务范围内的各种医疗技术劳务项目和采用医疗仪器、设备和医用材料进行的诊断治疗项目。同时，考虑到目前国家对诊疗项目名称、分类尚缺乏统一规范，只是通过各省（自治区、直辖市）物价部门制定医疗服务收费标准进行管理的实际，《关于城镇职工基本医疗保险诊疗项目管理的意见》（劳社部发〔1999〕22 号）提出以下管理办法：一是国家采取排除法制定基本医疗保险诊疗项目范围，分别规定基本医疗保险不予支付费用和部分支付费用的诊疗项目范围；二是各省、自治区、直辖市根据国家规定，可采取排除法，也可采取准入法组织制定本省（自治区、直辖市）的基本医疗保险诊疗项目目录；三是各统筹地区劳动保障部门执行本省（自治区、直辖市）的基本医疗保险诊疗项目目录，并结合区域卫生规划、医院级别与专科特点、临床适应证、医疗技术人员资格等限定使用和制定相应的审批办法。

（三）基本医疗保险医疗服务设施范围和支付标准的管理

通过制定《关于确定城镇职工基本医疗保险医疗服务设施范围和支付标准的意见》（劳社部发〔1999〕22 号），明确了纳入基本医疗保险基金支付范围的医疗生活设施费用主要是住院床位费及门（急）诊留观床位费。同时，还明确了基本医疗保险不予支付的生活服务设施费用，包括五类：就（转）诊交通费、急救车车费；空调费、电视费等病房内设施费用；陪护费、护工费等人工服务费用；膳食费；文娱活动费以及其他特需生活服务费用。同时，考虑到各地生活环境和经济水平的差异，给各地留有一定的自主权：一是对其他生活服务设施项目是否纳入基本医疗保险基金支付范围，要求由各省（自治区、直辖市）研究确定，比如取暖费等；二是基本医疗保险床位费支付标准由各地按物价部门规定的普通住院病房平均床位费标准确定；三是需要隔离的病人及危重病人的住院床位费标准由各地根据实际确定。

二、"两个定点"的管理

"两个定点"管理是指对基本医疗保险实行定点医疗机构和各定点零售药店"两个定点"管理做出规定。

（一）对定点医疗机构的管理

《城镇职工基本医疗保险定点医疗机构管理暂行办法》（劳社部发〔1999〕14号），一是明确申请定点资格的医疗机构范围和类别；二是明确定点医疗机构需具备一定的资格条件；三是明确参保人员可提出个人就医的定点医疗机构选择意向，一般可选择 3 ～ 5 家定点医疗机构作为就医单位，鼓励医疗机构合理竞争，改善服务态度和提高服务质量，降低医疗费用；四是明确定点医疗机构管理和监督的具体措施，以维护竞争秩序。

（二）对定点零售药店的管理

《城镇职工基本医疗保险定点零售药店管理暂行办法》（劳社部发〔1999〕16 号），对定点零售药店提出了资格条件：一是定点零售药店首先要符合行业规范管理所具备的资格，如必须具有合法的执业资格，遵守国家药品管理的法律、法规，有健全和完善的药品质量保证制度，确保供药安全、有效和服务质量，具备药师以上药学技术人员并能提供 24 小时服务等；二是为基本医疗保险提供服务应具备的资格和条件，如遵守基本医疗保险有关政策规定，保证及时、安全提供基本医疗保险用药等；三是规定定点零售药店的定点服务限定在处方外配，并规定外配处方必须由定点医疗机构的药师开具，要求定点零售药店要严格按照审方、配方和复核的程序进行配药等。

三、"一个费用结算"的管理

"一个费用结算"的管理，是指对各地制定科学合理的医疗费用结算办法提出指导性意见。

1999年6月29日，劳动保障部根据《国务院关于建立城镇职工基本医疗保险制度的决定》（国发〔1998〕44号），会同国家经贸委、财政部、卫生部、中医药局制定了《关于加强城镇职工基本医疗保险费用结算管理的意见》（劳社部发〔1999〕23号，以下简称《意见》），该《意见》为当时的城镇职工基本医疗保险费用结算管理确定了原则和方向。

《意见》的主要内容：

（1）加强城镇职工基本医疗保险费用结算管理，是为了有效地控制医疗费用，保证统筹基金收支平衡，规范医疗服务行为，保障参保人员的基本医疗，提高基本医疗保险的社会化管理水平。

（2）各统筹地区要根据当地实际基本医疗保险基金支出管理的需求，制定基本医疗保险费用结算办法。结算办法应包括结算方式和标准、结算范围和程序、审核办法和管理措施等有关内容。

统筹地区社会保险经办机构要按照以收定支、收支平衡的原则，合理确定基本医疗保险基金的支出总量，并根据定点医疗机构的不同级别和类别以及所承担的基本医疗保险服务量，预定各定点医疗机构的定额控制指标。社会保险经办机构在结算时，可根据具体采用的结算方式和实际发生的合理费用等情况对定额控制指标进行相应调整。

（3）基本医疗保险费用的具体结算方式，应根据社会保险经办机构的管理能力以及定点医疗机构的不同类别确定，可采取总额预付结算、服务项目结算、服务单元结算方式，也可以多种方式结合使用。各地要根据不同的结算方式，合理制定基本医疗保险费用的结算标准，并在社会保险经办机构和定点医疗机构签订的协议中明确双方的责任、权利和义务。

采取总额预付结算方式的，要根据基本医疗保险的给付范围和参保人员的年龄结构，合理确定对定点医疗机构的预付总额。同时，要通过加强监督检查，防止为降低医疗成本而减少必需的医疗服务，确保参保人员获得基本医疗保险规定的、诊疗疾病所必需的、合理的医疗服务。

采取服务项目结算方式的，要根据医疗服务的收费标准和基本医疗保险医疗服务管理的有关规定以及服务数量等进行结算。同时，要加强对医疗服务项目的监督和审查工作，防止发生大额处方、重复检查、延长住院、分解诊疗服务收费等过度利用医疗服务的行为。

采取服务单元结算方式的，可以诊断病种、门诊诊疗人次和住院床日等作为结算的服务单元。具体结算标准可按同等级医疗机构的服务单元的平均费用剔除不合理因素后确定，并根据物价指数进行适时调整。同时，要加强基本医疗保险管理和费用审核，防止出现推诿患者、分解服务次数等现象。

（4）属于基本医疗保险基金支付的医疗费用，应全部纳入结算范围，一般由社会保险经办机构与定点医疗机构和定点零售药店直接结算。暂不具备条件的，仍由参保人员或用人单位结算。

社会保险经办机构要规范结算程序，明确结算期限，简化结算手续，逐步提高社会化管理服务水平，减轻定点医疗机构、定点零售药店和用人单位的负担。社会保险经办机构要按与定点医疗机构和定点零售药店签订的协议的有关规定及时结算并拨付基本医疗保险费用。

定点医疗机构和定点零售药店要配备相应的人员，负责核算参保人员的医疗费用，按协议规定提供费用结算所需的有关材料。

（5）加强定点医疗机构门诊处方、入出院标准、住院病历和特殊检查治疗等基本医疗保险管理和费用支出审核。社会保险经办机构可按核定的各定点医疗机构定额控制指标暂扣不超过10%的费用，根据结算期末的审核情况，再相应拨付给定点医疗机构。社会保险经办机构对不符合基本医疗保险规定的医疗费用不予支付；对符合规定的费用要按时足额拨付，未按时足额拨付的按协议的有关规定处理。

（6）要加强对转诊转院就医的医疗费用结算管理。在同一统筹地区内转诊转院的医疗费用按当地的统一规定结算。异地转诊转院的，应经定点医疗机构同意，并经当地社会保险经办机构批准。异地转诊转院就医的医疗费用可由参保人员或用人单位先垫付，经社会保险经办机构复核后，按参保人员所在地有关规定结算。

（7）各统筹地区的基本医疗保险费用结算办法，由统筹地区劳动保障行政部门会同卫生、财政等有关部门制定。各地要及时总结经验，建立健全的监督制约机制，不断地完善基本医疗保险费用结算办法，加强基本医疗保险基金支出管理，保障基本医疗保险制度的健康运行。

第四节　基本医疗保险费用结算

基本医疗保险费用结算，是指社会保险经办机构对参保人员或向参保人员提供医疗服务的医疗机构进行医疗费用补偿。

由于社会保险经办机构对提供医疗服务的医疗机构的费用补偿，只限于属于基本医疗保险基金支付的医疗费用，而不属于基本医疗保险基金支付的医疗费用不在结算范围之内。因而，它既是实行基本医疗保险的关键环节，又是实行基本医疗保险的重点和难点。

一、基本医疗保险费用结算的特征

（一）基本医疗保险费用结算的敏感性

在医疗保险费用结算过程中，由于涉及参保人员和定点医疗机构的切身利益，以及基本医疗保险统筹基金的收支平衡，因此，对"医、患、保"三方来讲，都非常敏感。我国基本医疗保险已实现全覆盖，医疗机构的经济收入主要通过收治参保人员得到经济补偿。在经济利益的驱动下，容易诱发医疗机构过度的医疗行为，对参保人员提供过度的医疗服务，从而引发医疗保险基金的支付风险和加重参保人员的经济负担。

（二）基本医疗保险费用结算的复杂性

要进行医疗保险费用结算，首先要对医疗保险费用结算的范围进行界定。由于医疗费用的构成相当复杂，况且在结算医疗费用中存在医疗信息不对称，导致医疗保险费用结算的难度加大，使医疗保险费用结算成为施行基本医疗保险最复杂、最困难的环节。

（三）基本医疗保险费用结算的难控性

用于医疗保险费用结算的基金是有限的，而影响医疗保险费用结算基金支出的因素是多种多样的，除了人口年龄结构和疾病谱的改变，以及医疗技术的进步、物价的上涨等因素外，与参保人员的医疗需求和医疗行为的影响也有关系，尤其是医疗机构的医疗行为将直接影响到医疗保险费用结算基金的支付。在我国医疗体制和药品流通体制改革滞后于医疗保险改革的背景下，医疗保险费用结算的难控性进一步凸显。

二、基本医疗保险费用结算的作用

参保人员的基本医疗保险待遇落实通过基本医疗保险费用结算来实现。因此，只有加强基本医疗保险费用结算管理，制定科学合理的结算办法，选择合适的结算方式，才能有效控制医疗费用，保证基本医疗保险统筹基金收支平衡，保障参保人员的基本医疗。

（一）补偿作用

基本医疗保险费用结算，是落实参保人员基本医疗待遇的具体体现。参保人员在定点医疗机构发生的医疗费用，只有通过基本医疗保险费用结算，才能获得费用补偿。

（二）规范作用

通过基本医疗保险费用结算来调节参保人员的就医行为、医疗机构的医疗行为、社会保险经办机构的支付行为，规范"医、患、保"三者的结算关系，保障基本医疗保险统筹基金的收支平衡。

（三）平衡作用

基本医疗保险费用结算涉及参保人员的医疗费用补偿、定点医疗机构的经济收入和基本医疗保险基金的收支平衡，因此，通过基本医疗保险费用结算来平衡三者之间的利益关系是至关重要的。在进行基本医疗保险费用结算过程中，社会保险经办机构要严格按照国家关于基本医疗保险费用结算管理的要求，确保参保人员的基本医疗、医疗机构的合法收入和基本医疗保险统筹基金的收支平衡。

三、基本医疗保险费用结算的方式

基本医疗保险费用结算方式，是指社会保险经办机构向参保人员或医疗服务提供者支付医疗保险费用的途径和方法，也是指社会保险经办机构向参保人员或定点医疗机构支付医疗保险费用的补偿方式。现行的医疗保险结算方式多种多样，各不相同。如果按付费的关系来划分，有直接补偿和间接补偿两种结算方式；如果按付费的时间来划分，有预付制和后付制两种结算方式；如果按付费的形式来划分，有服务项目付费、人头付费、人次付费、病种付费、总量付费等。上述的划分只是强调了结算某一个方面的特征，而在实际结算中，它们是连为一体的。因此，在具体结算方式上，可能涉及多种结算方式并存。

（一）直接补偿和间接补偿结算方式

（1）直接补偿结算方式。直接补偿结算方式是指参保人员在定点医疗机构发生的医疗费用，先由参保人与医疗机构结算，然后持医疗费用发票等有关资料到社会保险经办机构办理报销。

（2）间接补偿结算方式。间接补偿结算方式是指参保人员在定点医疗机构治愈后，其发生的医疗费用中，属于基本医疗保险基金支付的医疗费用，由社会保险机构代替参保人员与定点医疗机构进行结算；不属于基本医疗保险基金支付的医疗费用，则要由参保人员个人自行与定点医疗机构结算后才可离院。

（二）预付制和后付制结算方式

（1）预付制。预付制是指在定点医疗机构向参保人员提供医疗服务之前，社会保险经办机构就根据医疗保险协定书的付费标准向医疗机构预付医疗费用。

（2）后付制。后付制是指在定点医疗机构向参保人员提供了医疗服务之后，社会保险经办机构根据定点医疗机构向参保人员提供医疗服务费用的多少，向定点医疗机构或参保人员支付医疗保险费用。

（三）按付费形式或医疗服务的具体内容划分的结算方式

（1）服务项目付费结算方式。服务项目付费结算方式是指社会保险经办机构根据医疗机构向参保人员提供医疗服务项目量的多少，结算属于基本医疗保险基金支付的医疗费用。具体地说，它是由社会保险经办机构根据医疗机构为参保人员提供的医疗服务项目（如诊断、治疗、检查、化验、药品、手术、麻醉、护理、床位费等）的收费清单，向医疗服务机构或参保人员支付符合报销规定的医疗费用。

服务项目付费的结算方式沿袭医疗保险制度实施前的医疗费用结算方式，即患者根据医疗服务机构所提供的医疗服务项目支付医疗费用。它也属于后付制结算方式。这种结算方式在医疗保险制度实行初期时普遍使用，如我国劳保医疗和公费医疗制度采用的就是按服务项目结算方式。这种结算方式的特点是实际操作简单易行，且适用的范围较广，但不利于费用控制，容易诱发医疗费用支付风险。现在采用按服务项目结算方式的费用支付，只是对个别参保人员的医疗费用零星支付。

（2）人头付费结算方式。人头付费结算方式是指社会保险经办机构按合同规定的人头付费标准，根据医疗机构收治参保人员的数量，向医疗机构支付医疗费用，即是按收治参保人员的数量将费用包干给医疗机构。

人头付费结算方式的好处是社会保险经办机构将医疗费用采取按人头包干的形式预先支付给医疗机构，结余归己，超支自理，从而使医疗机构产生自我的成本制约机制，自觉控制医疗费用，但可能对危重病患者的治疗不利。采用按人头结算方式，曾出现医疗机构推诿危重患者的问题，专挑小病、轻病的病人。

（3）人次付费结算方式。人次付费结算方式是指社会保险经办机构根据医疗机构收治的人次，按医疗保险协议书的人次平均费用乘以就医人次，向医疗机构支付医疗费用。对同一家医疗机构来说，按这种结算方式支付医疗费用，所有参保患者每人次门诊和住院费用都是相同的，无论参保患者花费了多少医疗费用，都按此标准结算。

（4）病种付费结算方式。病种付费结算方式是指社会保险经办机构根据不同疾病的费用标准，向医疗机构支付医疗费用。具体地说，就是根据国际疾病分类法，将住院患者的疾病按诊断、年龄、性别等分为若干组别，每组别又根据疾病轻重程度及有无合并症、并发症分成不同的级别，每一组不同级别都制定相应的价格标准，该组某级疾病的治疗全过程的费用标准，社会保险经办机构一次性向医疗机构支付。

（5）总量付费结算方式。总量付费结算方式是指社会保险经办机构同医疗机构协商，预先确定年度预算总额，在该年度内，医疗机构的医疗费用全部在总额中支付，结余留用，超支不补的办法。

第五节　基本医疗保险费用的结算范围

参加基本医疗保险的人员（以下简称"参保人员"），其在定点医疗机构就医时发生属于基本医疗保险基金支付的医疗费用，由社会保险经办机构与定点医疗机构进行直接结算。社会保险经办机构与医疗服务提供机构进行基本医疗保险费用结算时，要对属于基本医疗保险基金支付的医疗费用进行界定，必须对产生医疗费用的医疗服务有一定的了解，如什么是医疗服务、医疗服务所包含的内容、医疗服务的影响因素等。

基本医疗保险费用结算范围，是指我国《社会保险法》第二十八条规定的"符合基本医疗保险药品目录、诊疗项目、医疗服务设施标准以及急诊、抢救的医疗费用，按照国家规定从基本医疗保险基金中支付"。

根据《关于加强城镇职工基本医疗保险费用结算管理的意见》（劳社部发〔1999〕23 号）"属于基本医疗保险基金支付的医疗费用，应全部纳入结算范围，一般由社会保险经办机构与定点医疗机构和定点零售药店直接结算"的要求，必须对属于基本医疗保险基金支付的医疗费用进行界定。根据我国

《社会保险法》第二十八条"符合基本医疗保险药品目录、诊疗项目、医疗服务设施标准以及急诊、抢救的医疗费用，按照国家规定从基本医疗保险基金中支付"的规定，纳入基本医疗保险费用的结算范围的医疗费用，必须同时满足两个条件：一是符合基本医疗保险药品目录、诊疗项目、医疗服务设施标准以及急诊、抢救的医疗费用；二是按照国家规定从基本医疗保险基金中支付的医疗费用。这样才能纳入基本医疗保险费用的结算范围。

一、纳入基本医疗保险范围的医疗费用

《国务院关于建立城镇职工基本医疗保险制度的决定》（国发〔1998〕44号）规定："要确定基本医疗保险的服务范围和标准。劳动保障部会同卫生部、财政部等有关部门制定基本医疗服务的范围、标准和医药费用结算办法，制定国家基本医疗保险药品目录、诊疗项目、医疗服务设施标准及相应的管理办法。各省、自治区、直辖市劳动保障行政部门根据国家规定，会同有关部门制定本地区相应的实施标准和办法。"

（一）基本医疗保险药品目录

为了贯彻落实《国务院关于建立城镇职工基本医疗保险

制度的决定》（国发〔1998〕44号），保障职工基本医疗用药，合理控制药品费用，规范基本医疗保险用药范围管理，1999年5月12日，劳动保障部、国家发展计划委员会、国家经贸委、财政部、卫生部、药品监管局、中医药局制定了《城镇职工基本医疗保险用药范围管理暂行办法》（劳社部发〔1999〕15号），规定基本医疗保险用药范围通过制定《基本医疗保险药品目录》（以下简称《药品目录》）进行管理。纳入《药品目录》的药品，应是临床必需、安全有效、价格合理、使用方便、市场能够保证供应的药品，包括西药、中成药（含民族药）、中药饮片（含民族药）三部分，由国家在全国范围内组织临床医学、药学专家评审制定。

《药品目录》中的西药和中成药在《国家基本药物》的基础上遴选，并分"甲类目录"和"乙类目录"。"甲类目录"的药品是临床治疗必需，使用广泛，疗效好，在同类药品中价格低的药品。"乙类目录"的药品是可供临床治疗选择使用，疗效好，在同类药品中比"甲类目录"药品价格略高的药品。"甲类目录"由国家统一制定，各地不得调整。"乙类目录"由国家制定，各省、自治区、直辖市可根据当地经济水平、医疗需求和用药习惯，适当进行调整，增加和减少的品种数之和不得超过国家规定的"乙类目录"药品总数的15%。

基本医疗保险参保人员使用西药、中成药、中药饮片发生的费用超出药品目录范围的，基本医疗保险基金不予支付，属于药品目录范围内的按以下原则支付：一是使用"甲类目录"的药品所发生的费用，按基本医疗保险的规定支付。二是使用"乙类目录"的药品所发生的费用，先由参保人员自付一定比例的药品费用，再按基本医疗保险的规定支付，个人自付的具体比例多少，可由基本医疗保险统筹地区规定，报省、自治区、直辖市社会保障行政部门备案。三是使用中药饮片所发生的费用，属于不予支付费用的药品目录内的，基本医疗保险基金不予支付；不在不予支付费用的药品目录内的，按基本医疗保险规定的标准给予支付。

第一版的《药品目录》于 2000 年颁布。2004 年，根据参保人员用药需求的变化，劳动保障部发布了《关于印发国家基本医疗保险和工伤保险药品目录的通知》（劳社部发〔2004〕23 号），将险种适用范围从基本医疗保险扩大到工伤保险，并在保持用药水平相对稳定与连续的基础上，增加了新的品种。2009 年，为贯彻中央医改文件精神，人力资源和社会保障部发布《关于印发国家基本医疗保险、工伤保险和生育保险药品目录的通知》（人社部发〔2009〕159 号），再次对药品目录进行了调整，将险种适用范围从基本医疗保险、工伤保险扩大到生育保险，并适当扩大了用药范围和提高了用药水平。与此相适应，各地也对本地区药品目录进行了相应的调整。

（二）基本医疗保险诊疗项目范围

诊疗项目：一是指医疗技术劳务项目，如体现医疗劳务的诊疗费、手术费、麻醉费、化验费等，体验护理人员劳务的护理费、注射费等，但不包括一些非医疗技术劳务，如护工、餐饮等生活服务。二是指采用医疗仪器、设备和医用材料进行的诊断、治疗项目，如与检查有关的化验仪器，B超、CT等诊断设备，各种输液、导管、人工器官等医用材料等，一些非诊断用途的仪器设备和材料不属于诊疗项目范围，如用于医院管理的仪器设备、改善生活环境的服务设施等。

为了贯彻落实《国务院关于建立城镇职工基本医疗保险制度的决定》（国发〔1998〕44号），加强基本医疗保险基金的支出管理，1999年6月30日，劳动保障部、国家发展计划委员会、财政部、卫生部、中医药局制定了《关于城镇职工基本医疗保险诊疗项目管理的意见》（劳社部发〔1999〕22号），明确了基本医疗保险诊疗项目通过制定基本医疗保险诊疗项目范围和目录进行管理。该意见采用排除法，分别规定基本医疗保险不予支付费用的诊疗项目范围和基本医疗保险支付部分费用的诊疗项目范围。基本医疗保险不予支付费用的诊疗项目，主要是一些非临床诊疗所必需、效果确定但容易滥用或费用昂贵的诊疗项目。各省（自治区、直辖市）劳动保障行政部门要根据国家基本医疗保险诊疗项目范围的规定，组织制定本省（自治区、直辖市）的基本医疗保险诊疗项目目录，对于国家基本医疗保险诊疗项目范围规定的基本医疗保险不予支付费用的诊疗项目，各省（自治区、直辖市）可适当增补，但不得删减。并且可根据实际适当调整，但必须严格控制调整范围和幅度。

参保人员发生的诊疗项目费用，属于基本医疗保险不予支付费用诊疗项目目录以内的，基本医疗保险基金不予支付。属于基本医疗保险支付部分费用诊疗项目目录以内的，先由参保人员按规定比例自付后，再按基本医疗保险的规定支付。

1. 部分费用纳入支付范围的诊疗项目

（1）诊疗设备及医用材料类。一是 X 射线计算机体层摄影装置（CT）、立体定向放射装置（γ 刀、χ 刀）、心脏及血管造影 X 线机（含数字减影设备）、磁共振成像装置（MRI）、单光子发射电子计算机扫描装置（SPECT）、彩色多普勒仪、医疗直线加速器等大型医疗设备进行的检查、治疗项目；二是体外震波碎石与高压氧治疗；三是心脏起搏器、人工关节、人工晶体、血管支架等体内置换的人工器官、体内置放材料；四是各省（自治区、直辖市）物价部门规定的可单独收费的一次性医用材料。

（2）治疗项目类。治疗项目类如血液透析、腹膜透析；肾脏、心脏瓣膜、角膜、皮肤、血管、骨、骨髓移植；心脏激光打孔、抗肿瘤细胞免疫疗法和快中子治疗项目等；还有各省（自治区、直辖市）劳动保障部门规定的价格昂贵的医疗仪器的检查、治疗项目和医用材料。

2. 不纳入支付范围的诊疗项目

（1）服务项目类。服务项目类包括挂号费、院外会诊费、病历工本费等，还有出诊费、检查治疗加急费、点名手术附加费、优质优价费、自请特别护士等特需医疗服务。

（2）非疾病治疗项目类。非疾病治疗项目类包括各种美容、健美项目以及非功能性整容、矫形手术，各种减肥、增胖、增高项目，各种健康体检，各种预防、保健性的诊疗项目，各种医疗咨询、医疗鉴定。

（3）诊疗设备及医用材料类。诊疗设备及医用材料类包括应用正电子发射断层扫描装置（PET）、电子束CT、眼科准分子激光治疗仪等大型医疗设备进行的检查、治疗项目，眼镜、义齿、义眼、义肢、助听器等康复性器具，各种自用的保健、按摩、检查和诊疗器械，各省（自治区、直辖市）物价部门规定不可单独收费的一次性医用材料。

（4）治疗项目类。治疗项目类包括各类器官或组织移植的器官源或组织源，除肾脏、心脏瓣膜、角膜、皮肤、血管、骨、骨髓移植外的其他器官或组织移植，近视眼矫形术，气功疗法、音乐疗法、保健性的营养疗法、磁疗等辅助性治疗项目。

（5）其他不纳入范围的项目。其他不纳入范围的项目包括各种不育（孕）症、性功能障碍的诊疗项目，各种科研性、临床验证性的诊疗项目。

（三）基本医疗保险医疗服务设施标准

基本医疗保险医疗服务设施是指由定点医疗机构提供的，参保人员在接受诊断、治疗和护理过程中必需的生活服务设施。患者在门（急）诊和住院治疗期间，不仅需要用药、诊疗等医疗技术服务，也需要一些与诊断、治疗和护理密切相关的生活服务设施，如住院期间使用的病床等。

劳动保障部、国家发展计划委员会、财政部、卫生部和中医药局联合制定的《关于确定城镇职工基本医疗保险医疗服务设施范围和支付标准的意见》（劳社部发〔1999〕22号）规定，基本医疗保险医疗服务设施费用主要包括住院床位费及门（急）诊留观床位费。根据各省（自治区、直辖市）物价部门的规定，住院床位费及门（急）诊留观床位费主要包括三类费用：一是属于病房基本配置的日常生活用品如床、床垫、床头柜、椅子、蚊帐、被套、床单、热水瓶、洗脸盆（桶）等的费用；二是院内运输用品如担架、推车等的费用；三是水、电等费用。对这些费用，基本医疗保险基金不另行支付，定点医疗机构也不得再向参保人员单独收费。基本医疗保险基金不予支付的生活服务项目和服务设施费用，主要包括五大类：一是就（转）诊交通费、急救车费；二是空调费、电视费、电话费、婴儿保温箱费、食品保温箱费、电炉费、电冰箱费及损坏公物赔偿费；三是陪护费、护工费、洗理费、门诊煎药费；四是膳食费；五是文娱活动费以及其他特需生活服务费用。由于各地生活环境差异很大，有的医疗服务设施项目在某些地方可能不是必要的，但在另一些地方则是必要的，如取暖费在北方寒冷地区就属必要。对这类医疗服务设施项目是否纳入基本医疗保险基金支付范围，各省（自治区、直辖市）医疗保障行政部门可以结合本地经济发展水平和基本医疗保险基金承受能力自行规定。

基本医疗保险住院床位费支付标准，由各统筹地区医疗保障行政部门按照本省物价部门规定的普通住院床位费标准确定。基本医疗保险门（急）诊留观床位费支付标准按本省物价部门规定的收费标准确定。

（四）急诊、抢救的医疗费用

急诊，是指医疗机构为急性病患者进行紧急治疗的门诊。抢救，是指在紧急危险情况下的迅速救护。与一般治疗相比，急诊、抢救的特点是变化急、时间性强、随机性大、病谱广泛、多科交叉、涉及面广，而且急危重患者的诊治风险大、社会责任重。在定点医疗机构发生的符合基本医疗保险药品目录、诊疗项目、医疗服务设施标准的急诊、抢救的医疗费用，应当由基本医疗保险基金按照国家规定支付。除此之外，对急诊、抢救的医疗费用也有一定的特殊照顾。表现在两个方面：

（1）适当放宽用药范围。根据《城镇职工基本医疗保险用药范围管理暂行办法》（劳社部发〔1999〕15号）规定，急诊、抢救期间所需药品的使用可适当放宽范围，各统筹地区要根据当地实际制定具体的管理办法。

（2）放宽就医医院范围。根据国务院规定，基本医疗保险实行定点医疗机构和定点药店管理，只有在定点医疗机构治疗发生的医疗费用，基本医疗保险基金才予以支付，在非定点医疗机构治疗发生的医疗费用，基本医疗保险基金不予支付。但是，参保人员患危重病时，可在就近医院进行急诊、抢救治疗，也就是说，在非定点医疗机构发生的急诊、抢救的医疗费用，也可以按照规定从基本医疗保险基金中支付。但是，为了加强医疗服务管理，控制医疗费用，各地也规定了一些限制条件。例如，有的地方规定，在非定点医疗机构紧急救治的，病情稳定后应当及时转往定点医疗机构治疗。也有的地方规定，参保人员因急诊、抢救在就近非定点医院就诊住院的，应及时凭急诊病历及相关材料到当地社会保险经办机构办理登记手续，待治疗终结后，经社会保险经办机构审核，符合政策规定的给予报销；未办理登记手续的，基本医疗保险基金不予支付。

由于我国的职工基本医疗保险、新型农村合作医疗和城镇居民基本医疗保险 3 种医疗保险制度在筹资和支付政策等方面存在差异，对城镇居民基本医疗保险和新型农村合作医疗做出了一些规定。

《国务院关于开展城镇居民基本医疗保险试点的指导意见》（国发〔2007〕20 号）规定，"对城镇居民基本医疗保险的医疗服务管理，原则上参照城镇职工基本医疗保险的有关规定执行，具体办法由试点城市劳动保障部门会同发展改革、财政、卫生等部门制定。要综合考虑参保居民的基本医疗需求和基本医疗保险基金的承受能力等因素，合理确定医疗服务的范围。"从各地实践来看，城镇居民基本医疗保险和职工基本医疗保险基本上执行相同的基本医疗保险药品目录、诊疗项目和医疗服务设施标准。

《国务院办公厅转发卫生部等部门关于建立新型农村合作医疗制度意见的通知》（国办发〔2003〕3号）规定，"农村合作医疗基金主要补助参加新型农村合作医疗农民的大额医疗费用或住院医疗费用。各省、自治区、直辖市要制定农村合作医疗报销基本药物目录。各县（市）要根据筹资总额，结合当地实际，科学合理地确定农村合作医疗基金的支付范围、支付标准和额度，确定常规性体检的具体检查项目和方式，防止农村合作医疗基金超支或过多结余。"各地卫生行政部门也根据当地实际情况，制定了农村合作医疗报销基本药物目录以及农村合作医疗基金的支付范围、支付标准和额度，符合规定的，由农村合作医疗基金支付。

二、基本医疗保险待遇标准

按照国家规定从基本医疗保险基金中支付的医疗费用，主要是指国务院关于基本医疗保险制度的若干规定，以及各统筹地区政府根据国务院授权制定的具体标准。由于国务院只对基本医疗保险起付标准、支付比例和最高支付限额等做原则性规定，具体待遇给付标准由统筹地区人民政府按照以收定支的原则确定。目前，国家关于从基本医疗保险基金中支付医疗费用的规定如下。

（一）职工基本医疗保险待遇标准

根据《国务院关于建立城镇职工基本医疗保险制度的决定》（国发〔1998〕44号）规定，职工基本医疗保险基金由统筹基金和个人账户构成，并划定统筹基金和个人账户各自的支付范围，分别核算，互不挤占。个人账户主要用于门诊（小病）医疗费用支出；统筹基金主要用于住院（大病）医疗费用支出。统筹基金起付标准以下的医疗费用，从个人账户中支付或个人自付。统筹基金的具体起付标准、最高支付限额以及在起付标准以上和最高支付限额以下医疗费用的个人负担比例，由统筹地区根据统筹基金以收定支、收支平衡的原则确定。

（1）基本医疗保险统筹基金的起付标准。国家规定的统筹基金起付标准，原则上控制在当地职工年平均工资的10%左右。

（2）基本医疗保险统筹基金的最高支付限额。国家规定的统筹基金最高支付限额控制在当地职工年平均工资的4倍左右。随着社会经济发展水平不断提高，国家也相应提高了职工医疗保障水平，2009年，国务院决定将统筹基金最高支付限额提高到当地职工年平均工资的6倍左右。

（3）在起付标准以上和最高支付限额以下医疗费用的个

人负担比例。国家规定，起付标准以上和最高支付限额以下医疗费用主要从统筹基金中支付，个人也要负担一定比例，个人负担比例由统筹地区根据以收定支、收支平衡的原则确定。实践中，个人负担比例与就诊医院的级（类）别相关，就诊的医院级别越高，个人负担比例越高。例如，笔者所在城市的负担比例，在一级（类）医院住院的，在职人员个人支付 10%，统筹基金支付 90%；退休人员个人支付 5%，统筹基金支付 95%。在二级（类）医院住院的，在职人员个人支付 15%，统筹基金支付 85%；退休人员个人支付 10%，统筹基金支付 90%。在三级（类）医院住院的，在职和退休人员个人支付 15%（恶性肿瘤等重大疾病个人支付 10%），统筹基金支付 85%（或 90%）。

综上所述，基本医疗保险基金按照规定比例分担起付标准以上、最高支付限额以下的医疗费用，其他医疗费用从个人账户中支付或由个人自付。统筹基金的具体起付标准、最高支付限额以及在起付标准以上和最高支付限额以下医疗费用的个人负担比例，由统筹地区确定。

（4）《国务院关于建立城镇职工基本医疗保险制度的决定》（国发〔1998〕44 号）还对一些特殊人员的医疗待遇做了规定：

1）离休人员、老红军的医疗待遇不变，医疗费用按原来资金渠道解决，支付确有困难的，由同级人民政府帮助解决。离休人员、老红军的医疗管理办法由省、自治区、直辖市人民政府制定。

2）二等乙级以上革命伤残军人的医疗待遇不变，医疗费用按原资金渠道解决，由社会保险经办机构单独列账管理。医疗费支付不足部分，由当地人民政府帮助解决。

3）退休人员参加基本医疗保险，个人不用缴纳基本医疗保险费，对退休人员个人账户的计入金额和个人负担医疗费的比例给予适当照顾。

4）国家公务员在参加基本医疗保险的基础上，享受医疗补助政策。根据这一规定，2000 年 5 月，国务院办公厅转发《劳动保障部、财政部关于实行国家公务员医疗补助的意见》（国办发〔2000〕37 号），明确了医疗补助经费主要用于基本医疗保险统筹基金最高支付限额以上，符合基本医疗保险药品目录、诊疗项目、医疗服务设施标准的医疗费用补助；在基本医疗保险支付范围内，个人自付超过一定数额的医疗费用补助；中央和省级人民政府规定享受医疗照顾的人员，在就诊、住院时按规定补助的医疗费用。补助经费的具体使用办法和补助标准，由各地按照收支平衡的原则做出规定。医疗补助经费由同级财政列入当年财政预算，专款专用、单独建账、单独管理，与基本医疗保险基金分开核算。

5）为了不降低一些特定行业职工现有的医疗消费水平，在参加基本医疗保险的基础上，作为过渡措施，允许建立企业补充医疗保险。企业补充医疗保险费在工资总额4%以内的部分，从职工福利费中列支，福利费不足的部分，经同级财政部门核准后列入成本。

6）国有企业下岗职工的基本医疗保险费，包括单位缴费和个人缴费，均由再就业服务中心按照当地上年度职工平均工资的60%为基数缴纳。

（5）基本医疗保险住院床位费支付标准。参保人员的床位费不得超过基本医疗保险住院床位费支付标准。参保人员的实际床位费标准低于基本医疗保险住院床位费支付标准的，以实际床位费标准按基本医疗保险的规定支付；高于基本医疗保险住院床位费支付标准的，在支付标准以内的费用，按基本医疗保险的规定支付，超出部分由参保人员自付。

（6）国家规定的基本医疗保险起付标准以下的费用（起付标准原则上控制在当地职工年平均工资的10%左右），基本医疗保险基金不予支付。

（7）国家规定的超出基本医疗保险最高支付限额的医疗费用（最高支付限额原则上控制在当地职工年平均工资的4倍左右），基本医疗保险基金不予支付。

（8）职工基本医疗保险费用的分担比例。基本医疗保险费用的分担比例是指纳入保险范围的医疗费用，由基金和参保人员按一定比例共同来分担。按照规定，参保人员发生符合基本医疗保险药品目录、诊疗项目、医疗服务设施标准以及急诊的医疗费用，并不是全部由基本医疗保险基金支付，而是按照规定由参保个人与基本医疗保险基金共同分担。

（9）为有序分流参保人员住院治疗，提倡"小病到社区医院、大病到大医院"。参保人员在高等级医院住院的个人负担费用比例比在低等级医院住院的个人负担费用比例要高。

（10）国家规定，对使用高新仪器检查、进口医用材料等，个人也要负担一定的费用。如使用磁共振、CT等高新仪器等检查，使用进口材料等，个人也要分担一定的费用。具体的分担比例由各统筹地区确定。

（二）新型农村合作医疗待遇标准

根据《国务院办公厅转发卫生部等部门关于建立新型农村合作医疗制度意见的通知》（国办发〔2003〕3号）规定，新型农村合作医疗基金主要补助参加新型农村合作医疗农民的大额医疗费用或住院医疗费用。有条件的地方，可以实行大额医疗费用补助与小额医疗费用补助相结合的办法，即提高抗风险能力又兼顾农民受益面。对于参加新型农村合作医疗的农民，参保年度内没有动用农村合作医疗基金的，要安排进行1

次常规性体检。各省、自治区、直辖市要制定农村合作医疗报销基本药品目录。各县（市）要根据筹资总额，结合当地实际，科学合理确定农村合作医疗基金的支付范围、支付标准和额度，确定常规性体检的具体检查项目和方式，防止农村合作医疗基金超支或过多结余。

为了提高农民医疗保障水平，根据中央医改文件精神，2009年7月，卫生部、民政部、财政部、农业部和中医药局联合发布的《关于巩固和发展新型农村合作医疗制度的意见》（卫农卫发〔2009〕68号）提出，从2009年下半年开始，新农合补偿封顶线（最高支付限额）达到当地农民人均纯收入的6倍以上。同时，调整新农合补偿方案，适当扩大受益面和提高保障水平，使农民群众更多受益。开展住院统筹加门诊统筹的地区，要适当提高基层医疗机构的门诊补偿比例，门诊补偿比例和封顶线要与住院补偿起付线和补偿比例有效衔接。开展大病统筹加门诊家庭账户的地区，要提高家庭账户基金的使用率，有条件的地区要逐步转为住院统筹加门诊统筹模式。要扩大将慢性病等特殊病种的大额门诊医药费用纳入统筹基金进行补偿的病种范围。要结合门诊补偿政策，合理调整住院补偿起付线，适当提高补偿比例和封顶线，扩大补偿范围。年底基金结余较多的地区，可以按照规定开展二次补偿或健康体检工作，使农民充分受益。

（三）城镇居民基本医疗保险待遇标准

根据《国务院关于开展城镇居民基本医疗保险试点的指导意见》（国发〔2007〕20号）规定，城镇居民基本医疗保险只建立统筹基金，不建立个人账户。城镇居民基本医疗保险基金重点用于参保居民的住院和门诊大病医疗支出，有条件的地区可以逐步试行门诊医疗费用统筹。城镇居民基本医疗保险基金的使用要坚持以收定支、收支平衡、略有结余的原则。基金起付标准以上、最高支付限额以下的医疗费用，由基金和城镇居民按一定比例分担；起付标准以下的医疗费用，由参保居民个人负担。要合理制定城镇居民基本医疗保险基金起付标准、支付比例和最高支付限额，完善支付办法，合理控制医疗费用。由此可见，国务院并没有明确城镇居民基本医疗保险基金起付标准、支付比例和最高支付限额，只是规定了"以收定支、收支平衡、略有结余"的原则，具体标准授权地方规定。从开展情况来看，由于经济发展水平、医疗消费水平和人口结构等差异较大，各地规定的待遇标准也高低不一。通常来说，学生儿童发生的医疗费用的最高支付限额高于成年居民；个人负担比例和医疗机构级别成正比，医疗机构级别越高，个人负担比例越高。有的地区还建立缴费与待遇相挂钩的激励机制。即设置不同档次的缴费标准，由居民自愿选择，缴费标准越高，统筹基金的支付限额和报销比例越高；为了鼓励城镇非从业居民参保和连续缴费，对最高支付限额设定不同档次，连续缴费年限越长，可分档逐级提高。有的地区建立了门（急）诊大额医疗费用补助制度，规定在一个年度内参保人员发生一定数额以上的门（急）诊医疗费用，统筹基金按照一定比例给予报销。

为了贯彻中央医改文件精神，进一步提高城镇居民基本医疗保障水平，2009 年 7 月，人力资源和社会保障部、财政部、卫生部联合发布《关于开展城镇居民基本医疗保险门诊统筹的指导意见》（人社部发〔2009〕66 号），要求有条件的地区逐步开展城镇居民基本医疗保险门诊统筹工作，切实减轻参保居民门诊医疗费用负担。2010 年 6 月，人力资源和社会保障部、财政部联合发布《关于做好 2010 年城镇居民基本医疗保险工作的通知》（人社部发〔2010〕39 号），要求将 2010 年居民医保基金最高支付限额提高到居民可支配收入的 6 倍以上，逐步提高住院医疗费用基金支付比例，原则上参保人员住院政策范围内医疗费用基金支付比例要达到 60%，二级（含）以下医疗机构住院政策范围内医疗费用基金支付比例要达到 70%；明确 2010 年要在 60% 的统筹地区建立城镇居民医保门诊统筹。

第六节　不纳入基本医疗保险结算范围的费用

根据《社会保险法》第三十条规定，下列医疗费用不纳入基本医疗保险基金支付范围：（一）应当从工伤保险基金中支付的；（二）应当由第三人负担的；（三）应当由公共卫生负担的；（四）在境外就医的。

医疗费用依法应当由第三人负担，第三人不支付或者无法确定第三人的，由基本医疗保险基金先行支付。基本医疗保险基金先行支付后，有权向第三人追偿。

医疗费用不纳入基本医疗保险结算范围的情况详述如下。

一、属于工伤保险基金支付的医疗费用

属于工伤保险基金支付的医疗费用，是指因工伤所发生的一切医疗费用不能从基本医疗保险基金中支付，应当从工伤保险基金中支付。工伤保险基金，是国家实行工伤保险制度而建立的保险基金，用于支付工伤保险待遇、劳动能力鉴定以及工伤保险制度规定的其他费用。根据《社会保险法》第十六条

"各项社会保险基金按照社会保险险种分别建账，分别核算"的规定，应当从工伤保险基金中支付的医疗费用就不能纳入基本医疗保险基金的支付范围。

二、应当由第三人负担的医疗费用

应当由第三人负担的医疗费用，是指参保人员由于第三人的原因发生人身伤害而产生的医疗费用。根据《民法通则》第一百一十九条"侵害公民身体造成伤害的，应当赔偿医疗费、因误工减少的收入、残废者生活补助费等费用；造成死亡的，应当支付丧葬费、死者生前抚养的人必要的生活费等费用"和《侵权责任法》第十六条"侵害他人造成人身伤害的，应当赔偿医疗费、护理费、交通费等为治疗和康复支出的合理费用，以及因误工减少的收入、造成残疾的，还应当赔偿残疾生活辅助具费和残疾赔偿金。造成死亡的，还应当赔偿丧葬费和死亡赔偿金"的规定，参保人员由于第三人的原因发生人身伤害而产生的医疗费用，应当由第三人承担。因此，应当由第三人负担的医疗费用，不纳入基本医疗保险基金的支付范围。

三、应当由公共卫生负担的医疗费用

2009 年 11 月，为贯彻中央医改文件精神，人力资源和社会保障部发布《关于印发国家基本医疗保险、工伤保险和生育保险药品目录的通知》（人社部发〔2009〕159 号）进一步明确，对于国家免费提供的抗艾滋病病毒药物和国家基本公共卫生项目涉及的抗结核病药物、抗疟药物和抗血吸虫病药物，参保人员使用且符合公共卫生支付范围的，基本医疗保险、工伤保险和生育保险基金不予支付；不符合公共卫生支付范围的，基本医疗保险、工伤保险和生育保险基金按规定支付。

四、在境外就医的医疗费用

境外就医的医疗费用，是指参保人员在中国内地以外的地区发生的医疗费用，包括在港、澳、台地区发生的和在其他国家、地区发生的医疗费用。

第二章　分值结算方式

社会保险经办机构向参保人员或定点医疗机构支付医疗保险费用的途径和方法，称为医疗保险结算方式。分值结算方式是笔者于 2010 年 7 月提出的创新性医疗保险结算方式。

第一节　分值结算方式产生的历史背景

分值结算方式自 1992 年 9 月开始探索，到 2010 年 7 月提出，历时近 18 年。在这期间，世界各国及我国各地的医疗保险结算方式都发生了深刻的变化。由于分值结算方式的探索时间是以笔者所在城市（以下简称为"该市"）的职工医疗保险制度改革为起点，因此，讲到分值结算方式产生的历史背景时，首先要从该市的职工医疗保险制度改革讲起。1992 年 9

月，该市印发职工社会医疗保险暂行规定，并在医疗保险费用结算管理方面，要求医疗保险定点医院严格执行"医院长期医嘱、临时医嘱、收款单据等应具体列出治疗处置等项目，以及使用药品的名称、数量、单价，并有经手人签名。凡属自费范围，医院应另开收据并盖有'自费'标志章"。但是，该规定在医疗保险实际操作中是难以落实的，尤其是在医疗保险费用结算上难以完全做到。

该市在职工医疗保险改革初期的医疗保险费用结算办法是，参保人员治愈出院时，先由参保人员的所在单位或参保人员垫付医疗费用，然后由单位到社会保险经办机构办理报销医疗费用手续，社会保险经办机构通过银行转账划给单位。如果是个人垫付的医疗费用，也要通过单位到社会保险经办机构报销后才能归还给个人。这种结算办法较为烦琐，且兑付的时间较长。有些经济效益差的企业单位，在参保人员出院时无钱为之结算医疗费用，要由参保人员先行垫付，如果遇到大笔医疗费用时，参保个人就难以垫付。个别经济效益差的企业甚至占用社会保险经办机构拨给参保人员的医疗保险费用。由此可见，这种结算办法是难以很好落实参保人员的医疗保险待遇的，而且自采取该办法以来，在医疗服务方面出现高费用、超服务等问题，导致医疗保险费用的支付出现逐月增加的态势，使基本医疗保险基金的支付处于一种极不稳定的状态。在此背景下，该市对医疗保险费用结算方式进行了三方面的改革：

一是改革按服务项目结算方式。按服务项目结算方式是传统的医疗费用结算方式，在医疗保险制度实施前，医院就是采用这种方式收取患者的医疗费用。那时候患者的医疗消费水平往往容易受到患者或其家属的经济条件制约，通常较少出现超出患者经济能力的医疗费用，进而也较少产生医疗费用支付风险。但医疗保险制度实行后，其医疗费用的付费关系就发生了变化，即符合医疗保险规定的医疗费用，可以从医疗保险基金支付。在此背景下，如果继续采用按服务项目结算方式，就势必引发医疗保险费用支付风险。这已被国内外大量的实践所证明。

按服务项目结算方式，虽然简单易行，操作较为方便，而且医疗费用的支付，有依有据。但它的缺点是，医院提供的医疗服务项目和数量越多，患者支付的医疗费用便越多，医院的收入也就越多。由此看来，按服务项目结算方式与医院的经济收入相挂钩，容易诱发医院的过度医疗行为，刺激医院提供过度的医疗服务或"制造医疗消费"，从而引发医疗保险费用支付风险。

因此，该市从1996年开始，把按服务项目结算方式改为按人次平均费用结算方式。即根据该定点医疗机构近三年的人次住院平均费用结算医疗保险费用。在医疗保险基金的承受能力范围之内，社会保险经办机构与定点医疗机构签订预付费用的协议书，每月根据参保人员的治愈出院人次等，向定点医疗机构预付医疗保险费用。

二是改革医疗保险费用的结算对象。众所周知，医疗消费市场是一个卖方市场。在大多数的情况下，都是医疗服务提供方说了算，医疗服务需求方只能被动接受。这是由于医疗技术的专业性、信息不对称性等原因造成的。

因此，规范医疗服务行为比规范医疗需求行为更加重要。在医疗保险费用结算中，虽然存在参保人员、定点医疗机构和社会保险经办机构的三方经济关系，但如果社会保险经办机构只与参保人员发生结算关系，而没有与定点医疗机构发生结算关系，就势必诱发医疗保险基金的支付风险。从影响医疗保险费用支出的角度看，主要来自参保人员的医疗需求和医院的医疗服务提供这两个方面，其中医院的医疗行为比参保人员的就医行为影响程度更大。实践证明，医疗费用的增长除了受人口年龄结构及疾病谱的改变、医疗技术的进步、物价上涨等客观因素影响外，与医院的医疗行为也有着密切的关系。

规范医疗服务行为比规范医疗需求行为更加重要。该市约自 1996 年起，把结算对象由参保人员改变为定点医疗机构。

三是把"后付制"改为"预付制"。在医疗保险费用结算中，如果以结算的时间来划分结算方式，可分为后付制和预付制两种。后付制是指在提供医疗服务之后，社会保险经办机构根据参保人员发生医疗费用的多少，再向参保人员或医疗服务提供机构结算医疗费用。预付制是指在提供医疗服务之前，社会保险经办机构按照合同约定的额度向医疗服务提供机构提前预拨医疗保险费用。

按服务项目结算方式，是在提供医疗服务后，再结算医疗费用，属于后付制。该种结算方式，由于是在医院提供了医疗服务后和参保人员接受了医疗服务后发生的医疗费用，使医疗保险费用的支付比较被动，不利于医疗费用和医疗保险费用的控制。将后付制改为预付制，这是其他国家的通常做法。因此，该市从 1996 年开始，也将后付制改为预付制，即在医疗保险基金的承受能力范围之内，社会保险经办机构与定点医疗机构签订预付费用的协议书，每月根据参保人员的治愈出院人次的平均费用与定点医疗机构进行结算。

随着职工医疗保险制度改革的深化，1999 年 6 月 29 日，劳动保障部会同有关部委颁发了《关于加强城镇职工基本医疗保险费用结算管理的意见》（以下简称《意见》），提出"加强城镇职工基本医疗保险费用结算管理，是为了有效地控制医疗费用，保证统筹基金收支平衡，规范医疗行为，保障参保人员的基本医疗，提高基本医疗保险的社会化管理服务水平。"《意见》进一步指出："基本医疗保险费用的具体结算方式，应根据社会保险经办机构的管理能力以及定点医疗机构的不同类别确定，可采取总额预付结算、服务项目结算、服务单元结算等方式，也可以采用多种方式相结合使用。"该《意见》为当时的医疗保险结算方式确定了原则和方向。按《意见》的要求，该市于 2000 年 11 月 7 日，印发了城镇职工基本医疗保险费用结算办法。该办法把基本医疗保险住院医疗费用结算分为定点医疗机构、非定点医疗机构和转院三种结算办法。定点医疗机构实行"总量控制、定额付费、每月预付、年终结算、结余留用、超支自理、定期考核、适当补偿"的结算办法；非定点医疗机构的结算办法是指参保人员异地出差、探亲、休假期间发生重病，需要及时进行抢救的，可在当地住院治疗，单位或家属应在住院的 10 天之内通知社会保险经办机构，其医疗费用由个人垫付，出院后 3 个月内凭有关资料到社会保险经办机构核报；转院医疗费用结算办法是指凡符合规定转往上一级或专科医院的，年内第一次转院的只按转出医院计算一次起付标准，转入的医院不计算起付标准，第二次转院的原则上按重新住院结算起付标准，对市区定点医疗机构转往外地医院住院的医疗费用，先由个人垫付，出院 3 个月内持转出医院证明、社会保险经办机构批准的申请书、转入医院医疗费用收据、医嘱复印件或收费明细清单到社会保险经办机构结算。

2008 年 7 月，该市印发了《居民门诊基本医疗保险制度的指导意见》。其门诊基本医疗保险费用结算为"包干到院"的方式，先由参保人员选定门诊定点医疗机构，然后由社会保险经办机构根据选定定点医疗机构的人数，扣除一定比例的质量保证金后，将医疗保险费用划拨到承办的定点医疗机构。由于"包干到院"的结算方式，参保人员只能选择一间定点医疗机构，选择性少，这给参保人员的就医带来不便。为此，该市又推出"一卡通"来代替"包干到院"的结算方式，即社会保险经办机构根据基金的支付水平和年人均门诊就诊次数，确定定点医疗机构门诊每人次处方平均医药费用标准，标准内的费用全额报销，超出标准的费用由定点医疗机构负担。参保人员凭医疗保险 IC 卡可在统筹区内的定点医疗机构门诊就医看病。

一、国内各地医疗保险结算方式的改革探索

我国的医疗保险制度正处于改革时期，医疗保险结算方式尚在改革探索发展中，由于各地的医疗保险制度改革进度不同，所采用的医疗保险结算方式也存在一些差异。下面介绍几种在医疗保险制度改革过程中比较有代表性的医疗保险结算方式。

（一）深圳市的医疗保险结算方式

1992 年，广东省深圳市在全国率先开展了职工医疗保险制度改革。其医疗保险费用结算办法是针对不同的医疗服务项目、病种和医疗机构而使用不同的费用结算方式。对门诊和住院分别使用门诊人次定额、住院床日费用和住院天数的付费制。对某些专科病试行按病种付费的方法。如对结核病医院的结核病组、心血管专科医院的 7 种心脏外科手术采用病种结算办法。对每个病例定额包干，多余留用，超支不补。对单位内部医务所（室）使用按人头付费，按职工数定额补偿。

（二）上海市的医疗保险结算方式

上海市实行的是以"总量控制、结构调整"为基础的按项目付费制。其基本要点是：确定医院医疗费用的增长总量，对医院超出总量的收入予以没收，同时，处以 5 ~ 10 倍的罚款；提高技术劳务收费标准；规定药品收入在总收入中的比重。

（三）海南省的医疗保险结算方式

海南省是采用总额预付的典型代表，并且取得较好的效果。海南省从 1997 年起实行以总量控制为核心的共济基金预付制，社会保障机构对承担医疗保险业务较多的海口市6家主要医院，实行新的共济基金结算办法，即共济账户医疗保险费用总额预付制。对其他一些规模较小、费用不高的医院仍然采用事后报账、审核支付的服务项目后付制。

（四）职工医疗保险制度改革试点城市的医疗保险结算方式改革

（1）江苏省镇江市采用的是"总量控制、定额结算、预算拨付、弹性决算、考核奖励"的单元定额（平均费用）结算同费用总额预算控制相结合的支付方式。主要内容：一是以收定支，确定总量；二是总量控制，按块分配；三是把定额结算与总量控制结合起来；四是预算拨付，即平时按医院当年总控制指标的一定比例拨付，医院实际发生费用达到总量指标时，停止预算拨付；五是弹性决算；六是考核奖励，即对医疗机构执行总量控制、定额结算计划的医疗行为进行考核奖励。

（2）江西省九江市实行的是"动态管理，均值结算，监控质量，违规扣罚，重奖结余，少补超支"的平均费用标准结算办法。它的具体内容是：将所有的定点医院按其等级、规模划分为不同类别；对每一类别的医院，每月由计算机计算出同类医院平均门诊、急诊人次费用；计算平均住院床日费用和平均住院天数，以此作为动态定额结算标准。

二、国外医疗保险结算方式概述

实行医疗保险制度的国家，由于经济发展水平不同，传统文化不同，价值理念不同，其制度模式和运行机制也不同。因此，在使用医疗保险结算方式方面存在较大的差异。就目前医疗保险结算方式而言，大致有这几种结算模式：德国的预算化结算方式、美国的按病种支付方式、英国的政府购买支付方式、日本的按补偿标准支付方式等。

(一) 德国的预算化结算方式

德国是世界上最早创立医疗保险制度的国家，从 1883 年就开始实行医疗保险制度，而且其属于社会医疗保险模式。德国医疗保险基金的筹集主要是雇主和雇员缴纳，政府酌情补贴。当参保劳动者及其家属因患病、受伤或生育而需要医治时，由社会提供医疗服务和物质帮助。德国实行的是预算化结算方式。自从 1977 年以来，德国的医疗卫生政策致力于法定医疗保险中的费用控制工作。1993 年德国法定医疗保险中引进医药预算计划，在立法者规定的财政额度基础上，医生和医疗保险经办机构可以根据法定的参数作为预算计划。若某个地区的医生开出的药费超过预算，则超出部分自动从其报酬中扣除。

（二）美国的按病种分类支付方式

美国的医疗保险分为社会医疗保险和商业保险两大体系。社会医疗保险由政府举办，包括医疗照顾制度、医疗救助制度和少数民族免费医疗制度。商业医疗保险则分为非营利性和营利性两种。美国早期的偿付制从后付制、以成本为基础的后付制支付方式改变到预付制支付方式。原先的医疗照顾为医院提供的是以成本为基础的偿付制度，为医生提供的是按项目付费制度。1966年医疗照顾制度建立时，通常只支付固定数额的医院服务和最低范围的医师服务。医疗照顾制度允许医院将固定资产的成本记入后付制中。在20世纪70年代中期，州政府开始试行卫生保健费用控制的改进措施，建立自愿性和强制性设定补偿率的医院费用补偿制度。直到1992年初，"医疗照顾"对医师的费用偿付主要采用的是按项目付费，这种后付制方式刺激了医师提供更多的医疗服务。美国目前主要采用按病种分类支付方式，把医疗服务的全过程看成一个计量单位和确定服务量价格的标识，属预付制方式。实际上就是按医生所诊断的病种进行定额付费。从精确角度看，一般认为按病种分类支付方式较为科学合理。美国按照400多种病种制定单价，每次就诊进行计费，由于综合考虑到人次与病种两个因素，因此更能反映医院的实际开支。但病种单价大大增加了精算的难度，价格的测算难度很高，在服务项目、服务质量及病例组合方面，各医院的水平参差不齐，将疾病划分成几个主要类别大组，难以充分反映医院间的差异，因此采用的国家并不多。目前，大约有 11 个国家采用按病种分类结算方式。

（三）英国的政府购买支付方式

英国实行的是国家医疗保险模式，医疗保险资金主要来自税收。政府通过预算分配方式，将由税收形成的医疗保险基金有计划地拨给有关部门或直接拨给公立医院。医疗保险享受对象看病时，基本上不需支付费用。英国在支付方式上，卫生部门与医院建立了"政府购买"式的关系，政府作为购买方，医院作为供给方，双方签订合同，医疗服务价格由卫生部门规定。支付方式综合了以下三种办法：第一种是人头包干法，根据医院服务的地区空间范围的居民人数、医疗服务工作量预测而规定相应的经费，它主要决定政府对医院设施的投入。但在前几年，被用于医院日常开支的部分，即医院的人力成本、药品、检查费用以及固定资产，都通过这种形式加以补偿。国际上对这种办法的评价，一般认为人头包干有利于医院控制费用，制约过度供给，但缺点是医院之间缺乏竞争，使资源利用缺乏效率。第二种办法是按照就诊人次总数定额，规定按照一定的人次数指标拨给经费，实行包干，它主要决定医院的人力、药品和日常开支。这种办法实质上是一种总额预付，因此不是按人次付费。总额预付包干与人次付费相比，可以大大简化信息管理的工作量，但不能反映医院的实际费用。第三种办法是对超过定额的工作量，按照人次数和预定的单价进行支付。它主要解决医院实际工作量大于计划的部分，在刚性计划之外提供了弹性的支付。这种办法是典型的人次支付，比总额包干更能反映医院的实际支出，但其单价仍然采取平均人次单价，没有采取病种单价，因此仍不够精确。

（四）日本的按补偿标准支付方式

日本的按补偿标准支付方式，其实是按服务项目付费的方式。对医疗机构的补偿，由社会保险医疗补偿基金会支付，该基金会从承保人的利益出发，对医疗机构提出的补偿要求进行核实，遵照按服务收费的原则对医疗机构进行补偿。实际费用按照补偿标准进行计算。但承保者并不直接向医疗部门支付费用，而是通过一种特殊的值得信赖的组织——基金会来审核补偿要求是否合理，然后由该组织对医疗机构支付补偿费用。基金会主要管理雇员保险（相当于我国的职工保险）覆盖的服务项目费用和支付。医疗服务机构每个月向基金会提出上一个月的服务费用补偿申请。基金会审核这些申请，按照费用补偿标准计算其应得的补偿，然后给保险公司开出调整过的费用账单，并代表保险公司支付给医疗机构。新的信息系统建立以后，保险公司每年寄给投保人一张清单，告之其一年内所得到的服务及保险公司为其支付给医生的实际费用。这样可以对医院及医生提出的补偿申请的真实性进行监督，同时也增强了投保人及其家属的费用意识。

日本通过设立"第三方机构"，参与医保双方的费用结算行为。"第三方机构"全名叫"社会保险诊疗报酬支付基金国民健康保险联合会"，其工作人员是民间人士。"第三方机构"的主要职能是在社会保险经办机构向医院支付医疗费用的过程中，充当"检察官"和"法官"的角色，对全国各地医院提供的医疗费用清单进行审核和监督。这种审查是相当严格的，如果发现医院有开大处方等违规、违法行为，该医院为保险者提供医疗服务的资格会被立即取消，医院将失去最主要的经济来源。在医疗机构的费用清单经过审查无误后，医疗保险机构再向医疗机构支付医疗费。

第二节　分值结算方式的产生和形成

纵观世界各国的医疗保险结算方式，其探索和研究都离不开他们所实行的医疗保险制度模式和运行机制。就我国现行的基本医疗保险而言，制定科学合理的医疗保险费用结算办法，选择和确定对医疗服务提供者的结算方式，是保持医疗保险系统稳定运转的关键。分值结算方式正是围绕这一主题进行研究和设计。

一、分值结算方式产生的依据

对向参保患者提供医疗服务的定点医疗机构的费用结算方式多种多样，不同的结算方式产生不同的激励机制。我国在过去几十年里，医疗保险结算方式已经发生巨大变化。尤其是《关于加强城镇职工基本医疗保险费用结算管理的意见》（劳社部发〔1999〕23号）的颁发，明确具体的结算办法由各统筹地区结合当地实际制定，并对各地制定的结算办法中的结算方式和标准、结算范围和程序、审核办法和管理措施提出了原则性的要求：一是明确要求各统筹地区社会保险经办机构要按照以收定支、收支平衡的原则，确定基本医疗保险基金的支出总量和预定各定点医疗机构的定额控制指标。二是针对总额预付结算、服务项目结算、服务单元结算等方式可能出现的问题，提出了医疗费用审核与管理的重点和措施。三是从方便管理、简化手续和提高社会化管理与服务水平的角度，提出属于基本医疗保险基金支付的医疗费用，原则上应由社会保险经办机构与定点医疗机构直接结算；同时对于转诊转院的医疗费用结算管理，也提出具体意见。四是明确规定了社会保险经办机构基本医疗保险管理和费用支出审核的内容，提出社会保险经办机构可按核定的各定点医疗机构定额控制指标暂扣不超过10%的费用，根据结算期末的审核情况，再相应拨付给定点医疗机构。

依据国家对基本医疗保险费用结算管理的要求，笔者开始研究设计适合基本医疗保险费用结算管理要求的分值结算方式。

二、分值结算方式形成的过程

从世界范围看，目前医疗保险费用的具体结算方式主要有：按服务项目结算、按人头结算、按平均费用结算、按病种

分类结算、按总额预付结算、按工资制结算、以资源为基础的
相对价值标准制结算等。这些结算方式各有各的经济诱因，各
有利弊。有人曾对上述结算方式从费用控制、服务质量和管理
三个方面进行过比较。详见表1。

表1　目前医疗保险费用的具体结算方式

结算方式	费用控制	服务质量	管理
按服务项目结算	很差	很好	非常难管理
按人头结算	非常好	良	非常容易管理
按平均费用结算	良	差	很容易管理
按病种分类结算	好	良	难管理
按总额预付结算	非常好	良	容易管理
按工资制结算	良	差	容易管理
以资源为基础的 相对价值标准制结算	好	好	容易管理

资料来源：谭继红、叶志江《医疗保险制度改革操作实务全书》，银冠电子出版
社2002年版。

　　实行医疗保险制度的国家，由于各自的经济发展水平不
同，传统文化不同，价值理念不同，其制度模式和运行机制也
有所不同。如果按医疗保险基金的筹集方式来划分，有国家医
疗保险、社会医疗保险、社区合作医疗保险、储蓄医疗保险、
商业医疗保险等种类。我国现行的基本医疗保险，属于社会医

疗保险制度模式，其基本医疗保险费用结算管理的要求是：各地不论采用何种结算方式，都要按基金以收定支、收支平衡的原则，确定基金支出总额，并根据定点医疗机构的级别和类别以及所承担的基本医疗保险服务量，预定各定点医疗机构的定额控制指标。

在基本医疗保险费用结算中，由于属于基本医疗保险基金支付的医疗费用的不确定性和非均衡性，导致基本医疗保险基金支付的医疗费用处于一种极不稳定的状态，影响了基金以收定支、收支平衡的原则的落实。

如何使基金的支出总量与属于基本医疗保险基金支付的医疗费用之间匹配，是我们制定医疗保险结算方式重点需要解决的问题。

医疗保险结算方式的研究，离不开我国所实行的医疗保险制度模式和运行机制，因此，研究医疗保险结算方式，必须立足国家对基本医疗保险费用结算管理的要求。分值结算方式，是按照我国基本医疗保险费用结算管理要求所设计的。

笔者将基本医疗保险基金的支付与属于基本医疗保险基金支付的医疗费用之间的收支平衡作为研究的重点。属于基本医疗保险基金支付的医疗费用，除了要界定纳入医疗保险范围的费用外，还要确定基金与参保个人各自分担费用的比例。因此，首先要确定基金的支出总量，并根据定点医疗机构的级别和类别以及所承受的基本医疗保险服务量，预定各定点医疗机构的定额控制指标。然后考虑将属于基本医疗保险基金支付的医疗费用"关在笼子内运行"，以确保基本医疗保险基金的收支平衡。

第三节 分值结算方式构成及操作

分值结算方式作为医疗保险结算方式中的一种，以不同的分数标准来区分不同级别和类别的定点医疗机构，以获得分数标准和分数的多少来衡量各定点医疗机构收治参保患者和提供医疗服务的数量，通过分值化算法向定点医疗机构支付医疗保险费用。分值结算方式主要由基本医疗保险基金的支出总量、定点医疗机构的分数标准、计分办法、分数统计、分值化算法、医疗费用补偿计算和期末结算七个部分组成。

一、基本医疗保险基金的支出总量

基本医疗保险基金的支出总量，是指用于与定点医疗机构结算、属于基本医疗保险基金支付的医疗费用的总额，也是与定点医疗机构支付医疗费用的额度。具体操作包括基本医疗保险基金支出总量的确定和划拨两个环节。

（一）基本医疗保险基金支出总量的确定

基本医疗保险基金支出总量的确定，它的时间通常为一个保险年度，在这个保险年度内是固定不变的。支出总量一经设定，就决定了基本医疗保险费用结算的总体水平，意思是对定点医疗机构的所有补偿费用的支付都在支出总量范围内进行，不管定点医疗机构收治的参保患者多少人次、提供的医疗服务多少费用，发生了怎样的变化，对定点医疗机构的所有补偿费用都不能突破设定的基本医疗保险基金的支出总量。

（1）基本医疗保险基金支出总量的测算，一般是按照定点医疗机构近3年的平均医疗费用进行测算而确定。它首先遵循的是基本医疗保险基金以收定支、收支平衡原则。

（2）基本医疗保险基金的支出总量的确定，是指在筹集到的基本医疗保险统筹基金中扣除了风险金、质量保证金和非定点医疗机构（异地就医、急诊抢救等）的费用之后，余下部分才可以作为向定点医疗机构支付属于基本医疗保险基金支付的医疗费用，即向定点医疗机构补偿医疗费用的总额。

（二）基本医疗保险基金支出总量的划拨

基本医疗保险基金支出总量的划拨，一般经过两个环节，一个是预拨的医疗费用，另一个是冲销预拨的医疗费用。

（1）预拨的医疗费用。由于参保人员发生医疗费用的次数分布与时间分布较长，医疗机构的费用损耗需要一定的补充。因此，对医疗机构适当划拨一定的补偿金额，是维持定点医疗机构正常运作的基本需要。预拨结算费用，是指社会保险经办机构根据定点医疗机构前一年收治参保人员的年平均医疗费用情况，在年初一次性按定点医疗机构上年度月平均住院医疗保险费用的一定比例金额作为周转金预付给定点医疗机构。

（2）冲销预拨的医疗费用。到年终结算时，社会保险经办机构在应拨给定点医疗机构的医疗费用中扣除了预拨的医疗费用后，即差额支付给定点医疗机构。

二、定点医疗机构的分数标准

定点医疗机构的分数标准是指社会保险经办机构对不同级别和类别的定点医疗机构评定一个分数标准。以分数标准作为医疗费用结算的标识，是定点医疗机构获得医疗费用补偿的依据。分数标准是为不同级别和类别定点医疗机构评定的一个标识。

（一）分数标准的评定

分数标准的评定，是指社会保险经办机构对不同级别和类别的定点医疗机构进行评定，不同级别和类别对应一个不同的分数标准。比如可将三级甲等医院的分数标准评定为 10 分，二级甲等 8 分，一级甲等 6 分。

（二）分数标准的评定依据

分数标准的评定依据，通常是按我国医院管理学的划分进行评定：从规模来划分有大型、中型和小型类别；从服务对象和水平来划分，可分为不同级别的医疗机构，如一级、二级、三级医院等；从功能来划分，可分为综合性医院和专科医院。为了公平起见，分数标准的评定原则，一般是按卫生部门核定的医院级别和类别进行评定，级别越高的定点医疗机构，其分数标准就越高。

在基本医疗保险费用结算中，由于各定点医疗机构的不同级别、不同类别之间的差异，其物价收费标准也不同。通过分数标准的评定来区别对待各医疗机构的费用补偿，能体现基本医疗保险费用结算的公平性。

社会保险经办机构根据近几年各定点医疗机构的医疗等级、医疗水平、医疗服务及医疗收费等因素，给各定点医疗机构的住院和门诊确定一个分数标准，以此作为每人次的结算标准。分数标准是社会保险经办机构向医疗服务提供机构支付医疗费用的标识。首先，在制定分值付费结算方式前，将所有的定点医疗机构按其等级、规模划分为不同类别，并对定点医疗机构近 3 年住院或门诊参保人员的人均费用进行测定，作为核定住院或门诊每人次分数标准的依据。根据测定的数据和征求卫生部门及定点医疗机构意见，确定各定点医疗机构住院和门诊人次的分数标准。

三、计分办法

计分办法是指将医疗机构的分数标准乘以其收治的参保患者人次，得出分数。比如：三甲医院收治 2 人次，则获就诊人次分数为 10 分 ×2 人 = 20 分；二甲医院收治 5 人次，则获就诊人次分数为 8 分 ×5 人 = 40 分。收治患者越多，其分数越高，则获得的医疗费用补偿就越多。因此，计分办法可以鼓励定点医疗机构通过提高医疗服务质量吸引更多参保患者就医治疗，有利于参保人员就医治疗。

四、分数统计

分数统计包含两层意思：一是指各定点医疗机构对所获得的分数进行统计；二是指社会保险经办机构对所有定点医疗机构上报的分数进行合计。

（一）定点医疗机构的分数统计

年终时，定点医疗机构将自身获得的分数进行统计，然后将分数各自上报社会保险经办机构。

（二）社会保险经办机构的分数统计

所有定点医疗机构的分数，由社会保险经办机构进行汇总。

首先，对各定点医疗机构上报的分数，社会保险经办机构先进行核对；其次，合计出所有定点医疗机构的总分数，这个总分数是计算分值的重要依据。

五、分值化算法

将"统筹基金的支出总量"（作为分子）除以所有定点医

疗机构获得的总分数（作为分母）得出分值，即：统筹基金的支出总量/定点医疗机构获得的总分数＝分值。在"支出总量"不变的情况下，总分数越大时，其分值越小；反之，总分数越小时，其分值越大。

六、医疗费用补偿计算

社会保险经办机构根据每间定点医疗机构获得的分数乘以分值，得出的数值即向该定点医疗机构支付的医疗费用，也就是社会保险经办机构支付给各定点医疗机构的医疗费用补偿金额：

医疗费用补偿金额＝定点医疗机构获得的分数×分值

七、期末结算

期末结算是指到保险年度底时，把属于基本医疗保险基金支付的医疗费用划拨给各定点医疗机构。具体地说，到年终时，由各定点医疗机构将收治的参保患者人次乘以定点医疗保险机构的分数标准，就得出该定点医疗机构所获得的分数，然后上报社会保险经办机构。再由社会保险经办机构根据各定点医疗机构上报的分数进行汇总，就得出该统筹地区的总分数。

然后将支出总量除以总分数就得出分值。将分值乘以定点医疗机构获得的分数，就是定点医疗机构获得的医疗保险费用补偿金额。由此可见，定点医疗机构获得的分数越多，其获得的补偿费用就越多。

（一）年终结算的划拨

将统筹基金总额除以统筹地区定点医疗机构获得的总分数，就得出分值。将分值乘以各定点医疗机构所得的分数，就得出该定点医疗机构获得费用补偿的金额，也就是社会医疗保险机构支付、划拨给各定点医疗机构的医疗费用补偿金额。

（二）预拨费用的冲销

社会保险经办机构在年初划拨的周转资金，在年终结算时一并冲销。周转资金的冲销，是指到年终时冲减年初划拨给定点医疗机构的周转金。由于社会保险经办机构在年初时已向定点医疗机构划拨了一笔周转金，到年终结算时，就要在划拨的补偿费用中扣除，余下的补偿费用支付给定点医疗机构。

第四节 分值结算方式的设计

按照国家对基本医疗保险费用结算管理的要求，各地不论采取何种结算方式，都要按以收定支、收支平衡的原则，确定基本医疗保险基金的支付总量，并预定各定点医疗机构的定额控制指标。此外，属于基本医疗保险基金支付的医疗费用全部纳入结算范围，由社会保险经办机构与定点医疗机构直接结算。

在基本医疗保险费用结算中，属于基本医疗保险基金支付的医疗费用具有极大的不确定性和非均衡性，这使得基本医疗保险基金的支出总量处于一种极不稳定的状态。

从基本医疗保险费用结算的角度看，在基本医疗保险费用结算中，基本医疗保险基金的支出总量是一个相对固定的定量，即基本医疗保险基金的支出总量一经确定，就确定了属于基本医疗保险基金支付的医疗费用的总体水平。属于基本医疗保险基金支付的医疗费用，只能在支出总量的范围内进行；而属于基本医疗保险基金支付的医疗费用是一个随机变量，导致其与基本医疗保险基金的支出总量的不匹配。

分值结算方式的设计方法实质上是寻求总量与变量两者之间的对应规则，即两者之间的匹配点。

在基本医疗保险费用结算中，由于涉及"医、患、保"的经济利益，存在巨大的道德风险。因此，设计结算方式是一个复杂的社会系统工程。

一、分值结算方式的设计原则

在我国，从目前实行的医疗保险制度模式和运行机制来看，其制度模式是基本医疗保险，即根据我国的经济发展水平和财政、用人单位、参保人员个人的经济承受能力筹集基本医疗保险基金，向参保人员提供基本医疗保障。而由于筹集到的基本医疗保险基金是极其有限的，在其运行过程中，必须遵循基金以收定支、收支平衡的原则。只有在基本医疗保险基金承受能力范围内向参保人员提供基本医疗保障，基本医疗保险制度才能正常运行。超过基本医疗保险基金承受能力的医疗保险制度是运行不了的。因此，制度模式和运行机制成了我们制定医疗保险结算方式的依据和原则。

分值结算方式研究设计的目的，就是为了使基本医疗保险基金的支出与属于基本医疗保险基金支付的医疗费用之间收支平衡。我们知道，基本医疗保险费用结算是以基本医疗保险基金为基础的结算。如果没有基本医疗保险基金作为支撑，基本医疗保险费用结算就无法进行。

在基本医疗保险费用结算中，因为属于基本医疗保险基金支付的医疗费用的不确定性和非均衡性，所以基本医疗保险基金的支付处于一种极不稳定的状态。因此，基本医疗保险基金的支付总额与属于基本医疗保险基金支付的医疗费用之间的匹配，就成了制定分值结算方式的原则。

要实现这一原则，首先要确定基本医疗保险基金的支出总量。确定的基金支出总量，是控制医疗保险费用支出，实现收支平衡的前提。向参保人员提供医疗服务的定点医疗机构的所有补偿费用都不能超过基金支出总量，这对社会保险经办机构采取何种医疗保险结算方式提出了要求。因此，设计的医疗保险结算方式，应该具有能够约束属于基本医疗保险基金支出的医疗费用的机制，让定点医疗机构知道，社会保险经办机构对他们的费用补偿，全部都在确定了的基金支出总量的范围之内进行。

其次要预定各定点医疗机构的定额控制指标。《意见》提出要根据定点医疗机构的级别和类别以及所承担的基本医疗保险服务量，预定各定点医疗机构的定额控制指标。对于定额控制指标的设计，它涉及不同级别和类别的定点医疗机构以及所承担的基本医疗保险服务量。

最后要对定点医疗机构所承担的基本医疗保险服务量进行测算，把近 3 年的基本医疗保险服务量数据进行统计和比对，然后预定各定点医疗机构的定额控制指标。分值结算方式的设计是，对不同级别和类别的定点医疗机构，采用不同的分数标准作为预定控制指标的标识；另外，根据定点医疗机构所承担基本医疗保险服务量的多少，即获得分数数量的多少来考虑预定各定点医疗机构的控制指标。

二、分值结算方式的设计方法

方法实质上是在属于基本医疗保险基金支付的医疗费用与基本医疗保险基金之间寻找某一对应规则。在基本医疗保险费用结算中，属于基本医疗保险基金支付的医疗费用是一个随机变化的变量，而基本医疗保险基金是一个相对不变的定量，要使两者之间匹配，就得寻求它们之间的匹配点。

通常我们把基本医疗保险费用结算分为基本医疗保险基金和属于基本医疗保险基金支付的医疗费用两部分。首先确定基本医疗保险基金的支出总量，它是一个不变的定量。基本医疗保险基金支出总量一经确定，属于基本医疗保险基金支付的医疗费用全部都要在确定了的支出总量中运行，也就是说支出总量决定了属于基本医疗保险基金支付的医疗费用补偿水平，即

决定了基本医疗保险费用的结算水平。由于属于基本医疗保险
基金支付的医疗费用的不确定性和非均衡性，不可能用某一随
机变量来与相对固定不变的支出总量相匹配，需要运用科学的
方法来计算。

这个计算的方法，通俗来讲就是"以不变应万变"，即在
基本医疗保险基金固定不变的情况下来结算属于基本医疗保险
基金支付的医疗费用。那么，就必须把属于基本医疗保险基金
支付的医疗费用关在基本医疗保险基金这个"笼子内"考虑
它们之间的关系。要解决"基金筹集水平"决定"医疗费用
补偿水平"的问题，基本医疗保险费用结算方式的设计就是
关键。

笔者用分数形式作为医疗保险费用结算的标识。定点医疗
机构收治的参保患者越多，其获得的分数就越高（分数＝分
数标准×定点医疗机构收治的参保患者人次）。通过分值化算
法得出每分数的分值，然后向定点医疗机构支付属于基本医疗
保险基金支付的医疗费用。实际上就是按定点医疗机构获得分
数数量的多少进行医疗费用补偿。

设计分值结算方式的目的是通过分值化算法，使基本医疗
保险基金与属于基本医疗保险基金支付的医疗费用之间获得匹
配。这种方式使医疗保险费用的支付与分数标准和收治参保患
者人次多少相关联，而与参保患者实际发生的医疗费用无关，

与定点医疗机构提供医疗服务的项目和数量无关。

在基本医疗保险费用结算中，由于属于基本医疗保险基金支付的医疗费用具有极大的不确定性，影响了基本医疗保险基金以收定支、收支平衡的实现，需要通过设计科学合理的结算方式来解决属于基本医疗保险基金支付的医疗费用与筹集到的基本医疗保险基金的收支平衡问题。

三、分值结算方式的支付路径

笔者采用的是逆向思维来设计分值结算方式的支付路径，即"倒逼支付机制"。所谓的"倒逼支付机制"是以医疗保险基金支出总量不超支为出发点和落脚点，倒逼医疗保险费用补偿总额必须小于或等于支出总量。

医疗保险费用结算补偿水平是基于确定了的基金支出总量的支付能力，而不是按参保患者在定点医疗机构所发生的实际医疗费用进行补偿。其医疗费用补偿与参保患者实际花费医疗费用无关。采取这种倒逼支付路径进行设计，这样基本医疗保险基金以收定支、收支平衡就有了保障。

这样，不管定点医疗机构提供多少服务量，产生的医疗费用有多少，其医疗费用补偿都是在确定的基本医疗保险基金的支出总量中支付。

采用"倒逼支付路径"是为了有效控制属于基本医疗保险基金的医疗费用支出，使属于基本医疗保险统筹基金支付的医疗费用，即对定点医疗机构的补偿费用，控制在基本医疗保险统筹基金承受能力范围之内，从而达到基本医疗保险统筹基金收支平衡的目标。因此，基本医疗保险统筹基金的支付总量一经确定，就决定了属于基本医疗保险统筹基金支付的医疗费用的结算水平，也就是确定了定点医疗机构的费用补偿水平。

基本医疗保险费用结算的对象是定点医疗机构，其所提供的医疗服务量，直接影响了属于基本医疗保险基金支付的医疗费用。因此，控制属于基本医疗保险基金支付的医疗费用，首先得控制医疗机构提供的医疗服务量。从基本医疗保险费用结算的角度看，就是要用基本医疗保险基金的支出总量来倒逼属于基本医疗保险基金支付的医疗费用总量。这样，不管定点医疗机构是否提供了服务量、是否产生了属于基本医疗保险基金支付的医疗费用，都不会超出基本医疗保险基金的支出总量。

在基本医疗保险费用结算中，属于基本医疗保险基金支付的医疗费用是变动的，而且是不均衡和不规则的。因此，若要实现以收定支、收支平衡，就要通过倒逼支付机制，才能使基本医疗保险基金支出总量与属于基本医疗保险基金支付的医疗费用总量获得有效匹配。

四、分值结算方式的匹配原理设计

在基本医疗保险费用结算中，基本医疗保险基金与属于基本医疗保险基金支付的医疗费用之间的不匹配问题，一直困扰着基本医疗保险基金的收支平衡。因此，国家在基本医疗保险费用结算管理中要求，基本医疗保险费用结算要按照以收定支、收支平衡的原则，确定基本医疗保险基金的支出总量。分值结算方式的目的是确保基本医疗保险基金的支出总量与属于基本医疗保险基金支付的医疗费用之间的有效匹配。

我们知道，在基本医疗保险费用结算中，基本医疗保险基金的支出总量是相对固定的，即一经确定，属于基本医疗保险基金支付的医疗费用只能在支出总量内支付。而属于基本医疗保险基金支付的医疗费用的次数、每次支付金额的具体分布的不确定性和非均衡性，使基本医疗保险基金的支出总量与属于基本医疗保险基金支付的医疗费用之间不匹配。如果我们能在它们之间寻找出切合点，那么，基本医疗保险基金的支出总量与属于基本医疗保险基金支付的医疗费用之间的匹配就成为可能。

分值结算方式的主要原理包括"分值计费"原理和"蛋糕切分"原理。

（一）"分值计费"原理

"分值计费"原理中的分值是借助数学中分数的概念，将一个复杂的整体平均划分为若干份，是一个比值，可以形象地表示出某一整体中的一部分。实际上就是用确定了的医疗基金支付总量除以社会保险经办机构合计出的所有定点医疗机构的总分数，得出"分值"。由此可见，支付总量作为分子，是一个不变的"定量"，而定点医疗机构的总分数作为分母，是一个"变量"。无论"变量"变大或变少，都不会影响基本医疗保险的支出总量，只会影响得数的商，即分值。

在医疗保险费用结算这个模型中，因为整体中的每一部分含有的很多参数，包括机构级别、类别、就诊人次和医疗服务量等存在很大的差异，不能以平均数计算，所以确定分值后，再用这个分值与每间定点医疗机构的各自分数进行匹配，其"乘积"就是基本医疗保险统筹基金向各个定点医疗机构支付的医疗保险费用。在这样的对应规则下，不管定点医疗机构提供的医疗服务和收治的参保患者如何变化，其所获得的医疗费用补偿永远都不会突破基金支出总量的规模。这个原理可以把统筹基金的支付与医疗费用的补偿两者之间有机地结合起来，达到相互之间的匹配。

这就要求在基本医疗保险统筹基金支出总量与补偿总额之

间寻找到的一个平衡点，使基本医疗保险费用结算的以收定支、收支平衡成为可能。与这个对应的规则包括以下两方面：

（1）对定点医疗机构补偿水平，除与收治患者人数相关外，与定点医疗机构收治参保患者的数量和定点医疗机构不同级别、类别核定的分数标准也有关系。在"分值计费"原理中，分数只不过是标识和计算的符号，与参保患者实际花费的医疗费用无关。

（2）与分值大小相关。在医疗保险费用的结算中，基本医疗保险统筹基金总额是一个相对固定的量，而与定点医疗机构结算的医疗保险费用是一个随机变动的量。要寻求"定量"与"变量"两者之间的平衡，需要通过"分值化"原理的计算，来调节两者之间的平衡关系。

（二）"蛋糕切分"原理

在基本医疗保险费用结算中，从总量控制的角度看，我们可以将基本医疗保险统筹基金的支出总量视为一块"蛋糕"，各定点医疗机构参与切分这块"蛋糕"。不管如何分切"蛋糕"，都不会超出"蛋糕"的范围。"蛋糕切分"原理具有"量入为出"的特征，符合基本医疗保险费用结算管理的要求。

第五节　分值结算方式的基本概念

　　我国在医疗保险制度改革中，各地探索的医疗保险结算方式多种多样，各有各的经济诱因。分值结算方式是笔者在2010年6月参加为"十二五"人力资源和社会保障事业发展规划建言征文活动时撰写的《基本医疗保险可实行分值结算》中提出来的结算方式。分值结算方式自提出以来，就受到社会各界及各新闻媒体的广泛关注。尤其是得到许多报纸、杂志的转载和刊登。譬如2010年11月被《人民文摘》转载；又如在2012年9月，被中国领导科学研究会编入中央文献出版社出版发行的《领导干部创新社会管理的理论与实践》大型文集中，还获得荣誉证书。

　　分值结算方式是创新性的结算方式，是以分数形式，通过分值算法向提供医疗服务的定点医疗机构支付属于基本医疗保险基金支付的医疗费用，使有限的医疗保险基金与属于基本医疗保险基金支付的医疗费用实现有效的匹配，从而确保医疗保险基金的收支平衡，解决了一直困扰医疗保险机构的医疗保险费用收支失衡的问题。

我国的医疗保障局于 2021 年 7 月 15 日，以国家医疗保障局办公室名义，发布了《关于印发按病种分值付费（DIP）医疗保障经办管理规程（试行）的通知》（医保办发〔2021〕27号），提出了以分值付费的结算方式与定点医疗机构结算基本医疗保险费用的办法。

一、分值结算方式的含义

分值结算方式是指以分数形式，通过分值化算法向定点医疗机构补偿属于基本医疗保险基金支付的医疗费用。具体地说，就是对不同等级、不同类别的定点医疗机构评定一个分数标准，以此作为定点医疗机构收治参保患者的标识；收治的参保患者越多，其获得的分数就越高，也就是获得的补偿会越多，它是计算获得医疗费用补偿的依据。到年终结算时，定点医疗机构将获得的分数合计上报给社会保险经办机构，由社会保险经办机构负责统计所有定点医疗机构获得的总分数，将年初确定的基本医疗保险基金的支出总量除以总分数，就得出每分数的分值；社会保险经办机构根据各定点医疗机构上报的分数数量乘以分值，就得出应拨付给该定点医疗机构的医疗保险费用补偿金额。实际上就是按定点医疗机构的级别和类别及所收治参保患者的数量进行分值化算法。

　　设计分值结算方式的目的，是以分数形式，通过分值化算法，使医疗保险基金的支出总量与补偿总量相匹配，达到基本医疗保险费用结算管理的标准化和规范化。

二、分值结算方式的特征

　　分值结算方式具有与其他结算方式不同的特征：

　　（一）分数计费特征

　　分数计费特征是以分数标准作为标识，将属于基本医疗保险统筹基金支付的医疗费用化为分数，按定点医疗机构的级别和类别以及所承担的基本医疗保险服务量，给每一间定点医疗机构每收治的参保人员的一个分数，作为年终社会保险经办机构计算医疗保险费用的依据。各定点医疗机构获得的分数总数，就是我们通常所说的变量。以分数化形式作为载体，建立了医疗保险费用的结算关系，从而达到医疗保险费用支付的标准化。

　　（二）分值付费特征

　　分值付费特征是将定点医疗机构获得的分数进行分值化处理。就是将不变的统筹基金总量作为数学除法公式中的分子，将统筹地区所有定点医疗机构获得的总分数作为分母，计算得出来的商，即分值（是一个变量）。由此可见，定点医疗机构获得的医疗费用补偿总额，它是在统筹基金总量范围内进行的，因此它永远不会突破统筹基金的总体规模。

（三）倒逼支付特征

所谓倒逼支付特征是指有多少统筹基金，就支付多少医疗费用。从分值付费结算方式的结算路径看，就是以总量规模倒逼支付费用，先确定统筹基金支付规模，然后再考虑怎样向医疗服务提供方支付医疗保险费用。因此，若要实现基本医疗保险统筹基金的以收定支、收支平衡，向医疗服务提供方的支付总额必须小于或等于医疗保险统筹基金的总量规模。无论医疗服务提供方获得的费用补偿多少，都绝不会突破基本医疗保险统筹基金的总量规模。

三、分值结算方式的作用

设计分值结算方式的目的，是通过分数化形式，在基本医疗保险基金支付的医疗费用与基本医疗保险基金之间寻找某一对应规则。使基本医疗保险费用结算规范化和标准化，实现基本医疗保险基金的收支平衡。

分值结算方式会对医疗保险"医、患、保"三者之间产生怎样的变化作用，我们可以从基本医疗保险费用结算管理的角度看：一是可以有效控制医疗费用，保证统筹基金收支平衡；二是有利于规范医疗行为，保障参保人员的基本医疗；三是有利于各定点医疗机构相互间的监督，促进医疗机构的自身管理，有利于相互间的制衡功能发挥。它具有的主要作用如下：

（一）具有保证统筹基金收支平衡作用

按照国家关于基本医疗保险费用结算管理的要求，各地无论采用何种结算方式，都要遵循基本医疗保险统筹基金以收定支、收支平衡的原则，确保基本医疗保险费用结算顺利进行。分值付费结算方式的运作是在统筹基金总额内进行，因此不会突破统筹基金总额规模。这样的结算方式可以确保基本医疗保险统筹基金实现收支平衡，即我们通常说的"量入为出"。

社会保险经办机构与提供医疗服务的定点医疗机构进行基本医疗保险费用结算时，必须遵守基本医疗保险统筹基金的以收定支、收支平衡的原则，才能确保基本医疗保险正常运行。这样就有利于打消医疗机构想通过增加医疗服务的项目和服务量来获得更多费用补偿的念头，从而提高统筹基金的使用效率和效果。

（二）具有保障参保人员基本医疗作用

保障参保人员的基本医疗需求，是实行基本医疗保险的主要目的。采用分值结算方式，促使医疗机构提高医疗服务的质量，参保患者才能有更多的就医选择权，这样有利于保障参保人员的基本医疗。

（三）具有规范医疗服务行为作用

医疗机构作为医疗服务市场的供给方，其医疗服务行为必然受到医疗服务需求方和医疗保险机构付费方式的影响。医疗服务需求方由于基本医疗保险的医疗服务范围限制，超出医疗保险服务范围的医疗需求必然受到制约。在基本医疗保险全覆盖的情况下，基本医疗保险基金支付的医疗费用，已经成为医疗机构经济收入的主要来源，在基本医疗保险费用结算中，由于信息的不对称，导致医疗机构自然的垄断地位。医疗保险所采用的费用支付途径和方法，将直接作用于医疗服务提供者的服务行为和服务方式，对其经济收益产生直接影响。尽管医生必须根据患者的病情提供医疗服务，但医疗服务提供者对任何疾病都有多种治疗方案可选，不同的结算方式会导致治疗方案取向不尽相同。如果采用分值结算方式，医疗服务提供机构在一定的分数标准的情形下，只有通过多收治参保人员才能获得更多的经济收益。而这个前提就是医疗机构必须要有规范的医疗行为。

（四）具有促进医疗机构与医疗保险协调发展作用

随着人们生活水平的提高，对医疗服务质量的追求也越来越高，但由于医疗资源是有限的，人们的经济承受能力也是有限的，尤其是过高的医疗费用，基本医疗保险基金是难以承受的。医疗机构的发展要与基本医疗保险发展、国家经济发展，以及财政、用人单位、城乡居民的经济承受能力相适应。由于分值付费结算方式的费用结算是在统筹基金的范围内进行，因此，不管医疗费用怎样增长，都不会突破统筹基金总额，这无形中控制了医疗费用的过度增长，从某种意义上来讲，有遏制医疗费用过度增长的作用。

（五）平衡"医、患、保"三方经济利益作用

分值结算方式是以分数乘以分值的得数来支付医疗保险费用的。作为医疗服务提供机构都想从医疗保险基金中获得更多的份额。而要获得更多的经济收益，医疗服务提供机构需通过收治更多的参保患者，才能获得更多的分数，实现更多的收益。医疗服务提供机构若要吸引更多的参保患者，则要提供优质的医疗服务，制定低廉的医疗收费。通过分值结算方式，能

调动医疗服务提供机构的积极性，提高医疗服务质量，从而形成医疗服务提供机构之间的相互监督的氛围。

（六）调动定点医疗机构之间相互监督作用

若把医疗保险统筹基金总量看成一个大"蛋糕"，根据定点医疗机构获得的分数进行分割，就会出现分数多的"蛋糕"份额多，反之则少的情况。

在确定各间医疗机构的分数标准时，分值结算办法的做法是让所有定点医疗机构参与每间医疗机构分数标准的确定，各间医疗机构的分数标准是多少，由大家参与评定，增加他们的参与感和公平感，从而形成良性的监督氛围。

从分值结算方式的运作看，医疗机构获得的分数越多，医疗费用的补偿就越多；要获得更多的分数，就要收治更多的参保患者；要获得更多的参保患者，就要通过提高医疗服务质量和技术水平去吸引参保患者前来就医。由此，可促进医疗服务提供者以优质的医疗服务，廉价的医疗收费等吸引参保患者，从而形成良性竞争。分值结算方式可以并能够促进医疗机构之间的合理竞争，有利于提高医疗机构的服务质量和医疗技术水平，规范医疗服务行为，减轻参保患者的费用负担，保障参保人员的基本医疗。当下在我国基本医疗保险已经实现全覆盖的情形下，向参保人员提供医疗服务进而获得医疗保险基金的补偿费用已成为定点医疗机构经济收入的主要来源。因此，定点医疗机构对基本医疗保险结算的关注度比以往更加强烈，这有利于增强医疗机构关心统筹基金分配的自觉性，促进统筹基金的有效支付，调动定点医疗机构相互监督的积极性，促使医疗保险结算更加合理。通过内行之间的相互监督，使监督更加直接，相信收效更加好。

（七）具有提高统筹基金使用效率的作用

如何提高基本医疗保险基金的使用效率，保障参保人员的基本医疗，是医疗保险管理部门和社会保险经办机构的职责所在，也是基本医疗保险基金有效使用的客观要求。由于医疗机构提供的医疗服务范围广、费用高，不可能保证参保患者发生的医疗费用都由医疗保险基金支付。只有符合《社会保险法》第二十八条规定的费用，才能在基本医疗保险基金中支付。由从事医疗服务的医疗机构参与基本医疗保险基金的分配，是提高基本医疗保险基金使用效率的途径之一。分值结算方式让所有定点医疗机构共同参与各间定点医疗机构的分数标准的核定。对每间定点医疗机构收治一个参保患者应该给多少分数，让所有的医疗机构都参与进来，通过"公开、公正、公平"的分配，有利于调动医疗机构相互监督的积极性，保障基本医疗保险基金合理分配和有效利用。

附：《基本医疗保险可实行分值结算》

笔者在 2010 年参加为"十二五"人力资源和社会保障事业发展规划建言征文活动时所撰写的《基本医疗保险可实行分值结算》一文刊登在《中国劳动保障报》2010 年 7 月 7 日（星期三）第 2 版头条。以下为全文。

《基本医疗保险可实行分值结算》

杜铭汉

医疗保险结算方式是实施职工基本医疗保险制度的重要一环，它直接关系到参保人员、医疗机构和保险机构三方利益的分配，是医疗保险基金收支平衡的关键。笔者就当前基本医疗保险发展状况，结合广东省佛山市实际，提出基本医疗保险分值结算的建议。

一、住院医疗保险的实施，带来传统医疗保险结算方式的改变

1992 年，广东省佛山市实行职工住院医疗保险，其结算办法是：患者治愈出院，先由参保人员或所在单位垫付医疗费用，然后由单位到医保经办部门办理报销医疗费手续，医保经办部门通过银行转账拨给单位。如果是个人垫付的医疗费，也要通过单位到医保经办部门报销才能归还个人。这种结算方式较为繁琐，且兑现的时间较长。在一些经济效益差的企业单位，患者出院时，企业单位无钱为参保人员结算医疗费，要由患者先垫付，如遇到大笔医疗费用时，个人就难以垫付。有的企业甚至占用医疗保险部门拨付给参保职工的医疗保险费。

佛山市于 2001 年 1 月对基本医疗保险的结算方式进行了改进，采用"按人次平均定额付费结算方式"，即医疗保险机构根据参保人员住院人次的多少，按每人次给 1 个平均定额与医疗机构结算参保人员医疗保险费用的办法，较好地解决了参保人员难以垫付大额医疗费用和落实基本医疗保险待遇的问题。随着我市住院医疗保险制度改革的不断深入，随后又陆续

出现了多种的医疗保险结算方式：按单病种付费、按总量控制结算、按天数结算家庭病床费用和特定病种支付限额封顶等。

二、普通门诊保险的实施，引发了分值结算方式的思考

2008年，普通门诊保险在我市全面铺开，随之出现了"包干到院"的门诊保险结算方式，即先由参保人员选定定点医疗机构，医疗保险经办机构根据医疗机构选定的人数，扣除一定比例的质量保证金后，将保险费划拨到承办的医疗机构。在这种结算方式下，参保人员只能选择一间医院就医，选择性少，给参保人员就医带来不便。为此，我市随后又出台了"一卡通"的结算方式，即医疗保险部门根据基金的支付水平和年人均门诊就诊次数，确定定点医疗机构门诊每人次处方平均药费的标准，控制在标准内的，全额支付，超过标准的由医院负担，参保人员凭医疗保险卡或身份证可在统筹地区范围内定点医疗机构看病就医。"一卡通"结算方式的实施，大大方便了参保人员的门诊看病就医。但是，种类繁多的住院、门诊保险费用的结算办法都存在一定的缺陷，而且相对独立，相互之间不能有效地衔接，因此难以满足基本医疗保险的全面发展需要。

用有限的医疗保险基金，购买有效的基本医疗服务，促进医疗机构和医疗保险协调发展，这是基本医疗保险全面发展的客观需要。因此，笔者建议将已实施的住院和门诊保险用分值化形式结算。具体地说，就是医疗保险管理部门根据统筹地区内不同级别的定点医疗机构每收治一个住院或门诊患者给一个分数，到年终后，将统筹基金总额除以统筹地区定点医疗机构总分数，就得出每分数的分值，将分值乘以每家定点医疗机构获得的总分数，得出应拨付给该定点医疗机构的医疗保险费金额。

分值结算办法实行"总量控制、人次计分、分值付费、年终结算"的结算方式，为参保人员向提供基本医疗服务的定点医疗机构结算医疗保险费用。

总量控制：医疗保险管理机构将当年所筹集的统筹基金扣除风险调剂金和质量保证金，预留统筹区外医院和转院的费用后，余额作为统筹区内定点医疗机构向参保人员提供基本医疗服务的分值结算办法的统筹基金总额。

人次计分：医疗保险管理机构根据近几年各定点医疗机构的医疗等级、医疗水平、医疗服务及医疗收费等因素，确定各医疗机构住院和门诊病人的人次平均分数。人次平均分数按医院级别、就医人次、人次平均医疗费用等因素确定。

分值付费：医疗保险管理机构按照定点医疗机构收治住院

和门诊患者就医人次统计的分数，作为年终统计总分数向医保机构支付给定点医疗机构的医疗保险费用的依据。按住院分数标准和门诊分数标准结算，将统筹基金总额除以统筹地区定点医疗机构总分数，就得出每分数的分值。将分值乘以各定点医疗机构所得的分数，得出该医疗机构应收提供参保人员医疗服务的费用总额，也就是医保经办机构支付给各定点医疗机构的医疗保险费用总额。

年终结算：将统筹基金总额除以统筹地区定点医疗机构总分数，得出分值。将分值乘以各定点医疗机构所得的分数，得出该医疗机构应收提供参保人员医疗服务的费用总额。也就是医保经办机构支付给各定点医疗机构的医疗保险费用总额。医疗保险管理机构在年初划拨一定的周转资金预付给定点医疗机构，待年终结算时冲销。

分值结算办法的特点：

（1）医疗保险费结算在统筹基金总额内进行，不会突破基金规模，能够确保基金以收定支、收支平衡。

（2）医疗机构掌握的是本院有多少分数，分值要等年终医疗保险管理机构计算，有利于医疗机构通过提高医疗技术水平和服务质量争取患者，从而形成良性竞争。

（3）有利于保障参保人员的基本医疗需求，压抑过度的医疗消费。

（4）有利于遏制医疗费用过快增长，促使医疗机构与医疗保险协调发展。

（作者单位：广东省佛山市人社局）

参考文献

［1］全国人大常委会法制工作委员会. 中华人民共和国社会保险法释义［M］. 北京：中国劳动社会保障出版社，2010.

［2］谭继红，叶志江. 医疗保险制度改革操作实务全书［M］. 北京：银冠电子出版社，2002.